守、破、離

日本工藝美學大師的終極修練

葛維櫻、王丹陽、王鴻諒 著

前言

守・破・離——視線的起點

主張「破」的人，並不只有千利休。

我第一次到日本是在八、九年前，當時日本剛剛對北京等城市開放自由行，我至今仍記得去三十三間堂看到那些精光四射的密宗佛像的震撼，仍能回味起文人咖啡館裡柔軟千層蛋糕的清甜。物質極大豐富，感官上卻是空山無人，水流花開。

守破離本來講的是茶水之道。「規矩禮儀，務必先盡守之，然後破之，離之，然皆不可忘本矣。」

審美意識在與某種破裂的風險背靠著背。記得我的第一篇談日本美學的文章，寫到了伊勢神宮的「廿造替」，校對老師按照常規邏輯直接改掉了，刊出後被讀者發現。我記得校對老師抱歉的語氣，「怎麼可能每二十年就拆掉重蓋一次呢？」這就是日本。

看起來十分有生命力，實際上卻虛幻縹渺。今年我乘船來到伊勢神宮，夕陽西下，一隻鹿涉過退潮的淺灘，緩緩向鳥居而行。目之所及的「美」，竟然毫無實感。在對事物的思考方式中，實際上孕育著反抗和破裂。日本式現代建築裡常見橫向開啓的大落地窗，寬大地吸收自然景色，貪婪地喜歡與大自然融爲一體。而茶室裡遵守著隔絕和不完滿，從室內開始，形成微妙的層次結構向外延伸，直至宇宙。

我爲何被日本打動？

在對日本的興趣裡，看起來「守」最爲有趣，但當我一直在等待著終點時，卻在不斷的破與離中，不僅興味盎然，還感到「溫故知新」。

在奈良春日神社的供品帖裡我看到了「唐符」，是關於空海帶進日本的豆腐的最早記載。在日本吃過各種豆腐的人往往會感歎，如此廉價易得的食材，在日本被各地奉爲了至上的味道。

以小爲美，以舊喻新，爲何具有魔力？

守是基石。從二〇一二年開始，《三聯生活週刊》在茶道、花道、香道、建築、木作、陶藝等各方面的報導，受到了越來越多的關注。今天，技精而道泯的二元對立，和技能載道，與藝相通的審美自由，仍是匠人話題的核心。在第一次做日本資料收集時，我記得關於日本的高品質出版物還比較有限，岩波書店的出版物還停留在「名錄」的層面，我必須從日本背回大量書籍。僅僅是兩年後，幾十年裡沉澱下來的作品被大量翻譯出版了。《下流社會》、《無緣社會》等消費、社會領域的理論，曜變天目、顏眞卿作品在日本的展出，甚至掀起了中國乃至世界範圍的文化共振。日本當下的生活，是建立在對現代性、城市化、日本人、日語乃至國民性反思的基礎上的。我們正在建立的，是對反思的反思。

在採訪中，我瞭解到匠人系統在日本也曾經有過數十年的艱難和滯後期。生活方式上模仿歐美，大量生產廉價仿製品，工業污染造成的社會矛盾至今未能消除。與日本人的生活方式密切相關的傳統行業，在經濟騰飛期間開始復甦，使「守破離」的準則，從茶道、劍道走向了更多的「道場」。

人應該如何生活？匠人、手藝的話題，在現代社會裡的意義，和美學一樣，實際上指向了人的內心。

比起哲學和宗教，日本更注重「感」。從飛機場一出來那種轟然而來的感受，會非常直接地「感」到日本。在意他人的感受，保持人與人、人與外界的協調，在日本人看來，聞到、觸摸到，遠比聽到和看到的重要。

手藝人的狀態，是最接近「人」的狀態。

時光歲月給木建築帶來痕跡，人對大自然無條件信賴。讓身體代替頭腦去學習。在學習的過程中培養出這樣的身體，這才是匠心的果實。

在「守破離」的過程裡，越是向內的體驗，越有價值。

「讓木材接觸你的手，進入你的身體，變成大腦。你替樹思考，建築替它活著。」這是法隆寺宮大匠小川三夫的話。

建築、造園、漫畫、刺繡，目的都不是物，而是人。絕大部分時刻，我遇到的頂級匠人都是非常聰明的人，然而他們卻以單一的方式面對社會，刻意保持了一種孩子氣的天眞的笨拙、坦誠和距離。採訪時我發現，他們都不會試圖確認和宣揚一種認知，而總是希望我在探尋和發現中與他們產生共振。這樣的以退爲進，恰恰符合我內心的期待。

木建築是日本的一個符號。在採訪撰寫西岡常一和小川三夫師徒的故事時，日本人對木建築的追求，讓我開始重新看待日本人的精神。賭上了一切，一代又一代，才有千年屹立的法隆寺。今年去日本，我看到熊本城下地震垮塌的石頭，按照編號全部排列好，這不僅僅是一場重建。打破了基礎的「序」，不是取代，而是超越，才有對各種精彩紛呈的全力展現。

並不是爲了製造永恆，而是思索如何在時間中，回到自然。守的基礎上，破與離，賦予人時間和空間的自由。

目次

前言　守・破・離——視線的起點　3

塩野米松——尋訪日本匠人精神（葛維櫻）　11

秋山利輝——二十一世紀新工匠（葛維櫻）　43

深澤直人——打造民藝裡的生活美學（王丹陽）　69

小川三夫——工匠要有跨越千年的眼光（葛維櫻）　89

枡野俊明——匠心與禪意（王丹陽）　131

川瀨敏郎——立花・修心・求真（王丹陽）　153

隈　研吾——把道教無為的思想建築化（葛維櫻）　171

宮崎　駿——創作就是不停地顛覆（王鴻諒）　189

長艸敏明——京都刺繡大師（葛維櫻）　229

後記　匠人之心（葛維櫻）　245

第一章

塩野米松：尋訪日本匠人精神

■ 夏目漱石曾說，賣豆腐的人邊走邊賣，想的並不是國家，而是爲了自己的一日三餐。

「曾經主張工業立國的日本，在今天仍保留著許多手藝。」我以前曾懷疑這種鄉愁式的描寫帶有情感上的渲染。一路火車上看到的景色群山環抱，田野鬱鬱，不見高樓大廈，只有鄉間木質的簡樸住宅。以寫作「手藝」成名的塩野米松為自己和妻子在老家修建了一棟木質的鄉間屋。

從東京到角館的新幹線下車，他已經在火車站口等待我。一起前往鎮中心地帶，沿主城區坡路一路往上走，兩邊茂盛的高大綠蔭不是櫻花樹就是楓樹，可以想見春秋街景的「小京都」。和我們一起從東京前來的，大多是夏季旅行的老年人。

在檜木內川河邊，塩野指著對岸說，老家早已拆除。獲得一筆版稅後他回到了故鄉，「小時候就是沿著河騎自行車去上學。」說這話時，四個孩子大笑著踩著自行車飛馳而過。

門口橙色信箱上寫著「塩野」，進門就看到一張寫作用的大書桌，窗下種植著紫色的鳶尾、粉色的天竺葵，窗外彷彿一幅能動的風景畫。

我們來時正趕上香魚的季節，蔚藍的天空下，群山在望。

漁夫站在溪流中央，甩出了長長的拋物線。

守・破・離：

手工藝裡的人生意義

手藝是一個中文用詞，日文是「手業」。「日語裡還有一個同音詞，是『手伎』，指的是一項工作。我選擇『業』，實際上說的是手藝背後還要養活家人，是一種人生觀，就是用手來實現的 Lifestyle。」從二十世紀七十年代至今，塩野米松寫作出版了關於日本手藝的一系列書籍。他的小說、童話，多次入圍芥川獎、直木獎，但影響力卻不能與《留住手藝》這本小冊子相抗衡。

自從柳宗悅提出民藝概念以來，塩野米松是第一個把許多手藝人集中起來，長期對幾代人跟蹤採訪的實際操作者。

我們曾經做過一期《傳家寶》雜誌，去全國探訪那些尚存於世的手工藝大師，然而遺憾地發現，那些古老的技法造價高昂，已經不是普通人可以獲得和使用的了。還有一些沒有進入上層通路的就只能「苟延殘喘」，眼看著將被商品大潮淹沒。

如果用「一件物品能不能給人溫暖」的手工藝標準衡量，就會感覺那離我們的現實很遙遠。社會進步勢必使新舊交替，然而那份以「手藝」珍重待人的「眞誠」，卻是我們最不希望失去的。

日本的手藝呢？在日本現代化過程中，手工業有著特殊的作用，成爲「傳統與現代」這兩面性命題的最佳現實注解。

二〇一六年春天，塩野米松爲了接受採訪坐了四個小時火車來東京，和我在一個地下茶室暢談許久。我萌生了去他老家角館的想法。「那是一個四百年沒有變過的地方。」我一直好奇是什麼樣的山水，才會讓這位作家生長出對手藝如此牢固的信仰。

在自己的著作裡，塩野米松這樣描述自己的家鄉：「不用看日曆，便可以從工匠手裡的活計感受到季節和時代的變遷。」

「你聞聞這棵樹的身上還留著水的味道，很清新。」三浦抽出一把燒紅的烙鐵擱在一邊，等一會兒突然就按在了山櫻樹皮上，白煙過後一陣清香，樹皮呈現出顏色變化，開始由黑棕色變成紅色，一年裡只有很短暫的季節能夠剝取樹皮。「水分越多說明皮越好，這棵樹可能是那一片樹林裡成長狀態最好的一棵。」「樺細工」的剝樹皮只取少量，讓樹木在冬天修養，春天就又長出光滑的新皮。我問他，烙鐵多高溫度，三浦想也沒想，就把冷卻下來的烙鐵極快地貼在自己臉上，「你要是非問我不可，現在有七十九度多，哈哈哈。」塩野笑我是「數字思考」。三浦同時往烙鐵上灑上一滴水，看看水滴的大小和蒸發程度，就能判斷怎麼用了。「工匠是另一個溫度計，所有的標準靠嘴巴、手、眼睛就夠了。看看今天的天氣，看看今天的樹皮，揉幾次啊，溫度多高啊，這身體馬上就判斷出來了。所謂修業，就是培養這樣的一個身體。」

「我從小在自家窗戶裡往外看，有時候要塊端木，有時候癡迷風箱。」這就是塩野米松的童年生活。他厭煩所有對於鄉村和手工藝的盛讚，在他的文字裡，沒有貴族式文明的對手工藝再發現的大驚小怪，也沒有高屋建瓴的冷冰冰的研究。

他選擇的視角是什麼呢？現在，「各種工具的聲音沒有了，他們的作坊沒有了，隔窗觀望他們的孩子也沒有了。」塩野在採訪中一直跟我強調，他想找到自己人生的原點，我後來想，那應該就是懷著一顆憧憬和嚮往的心觀望工匠們做活的孩子吧。

對於手工藝，塩野選擇了一個記錄者的角色。無論是歷史沿革的追溯，還是某一技藝的傳承，他所記錄的都是「這一個現場」。塩野和我聊過很多日本社會在近五十年裡的思潮變化，但唯獨對於手工藝，他要親自帶我去「現場」。讀者之所以喜歡他的記錄，是因爲那裡面有社會學「田野」的客觀性，彷彿複製一樣，從家長里短到人物性格無所不包。

「我遇到的很多工匠都有一張漂亮溫柔的臉，但年輕時一定不是這樣慈祥的人。精神上的固執，骨子裡的輸不起，懊惱、野心和堅韌，甚至連數字也寫在臉上。即便是惡魔和夜叉，經過了歲月洗禮，也會發生轉變。」

對於自己採訪過的手藝人，塩野米松從來都不美化和渲染。明治維新以後，個人主義、世界主義、社會主義的思潮逐漸在日本民間流傳。

夏目漱石曾說，賣豆腐的人邊走邊賣，想的並不是國家，而是爲了自己的一日三餐。這正是塩野米松與其他作者所要表達的手藝的不同之處。

日本作爲我國的近鄰和東亞文化中有影響力的國家，其傳統手藝有其特殊性。尤其是第二次世界大戰後日本工業振興的歲月裡，民藝曾經有著重要的作用。柳宗悅的民藝理論也對現代設計產生了深遠的影響。

民藝和人，成為一個品質關係。美的物品必然造就美的生活，培養美的情操，這也是日本經濟崛起中著名的傳統與現代的兩極公式。

塩野米松就是在這個基礎上，打開了新的視野。在堪稱文化遺產保留最好的日本，手工業和經濟循環仍然產生不可調和的矛盾。逐漸失去市場和傳承的情況，並不是中國獨有的，日本的手工藝很多來源於中國，很多相通的東西也存在至今。

「大概我是最近才明白它的好。看了很多東西以後，我突然再打開抽屜，才感到這裡面包含了很多人生意義。我在這些東西裡，看到的也不是手藝人的人生意義，而是我自己的人生意義。」

塩野太太給我們泡上了香濃的伯爵奶茶。桌子後面的牆上，釘著他剛剛撿到的黑底白點的羽毛，塑膠袋上寫著時間地點。屋裡上供的地方插著自己家的鮮花，窗戶底下是他喝茶的一小套茶具，布上分別放了三把不同型號的細巧的小鉗子、小鑿子。

桌後的邊櫃裡全是他收集的小玩意兒——動物牙齒、大小貝殼、日本造的嗅鹽瓶子、漂亮的羽毛、植物標本，非要說華麗的，就是一個蘇聯製造的金質放大鏡和一個西德製造的望遠鏡。

「工業化生產把素材進行同樣的加工，手藝人卻要讓物品看上去有性格。」有性格往往被處理掉，塩野覺得這觀念已經用在了人身上。

從守到破：
角館的嬗變

角館最主要的這一條大路，自古以來以上下爲分。古城呈狹長形，傍水而上，一直到山頂就是城主的城堡。早上起了個大早，上城，從上往下看，可見左側黑褐色檜木皮的町屋，是貴族和武士們的家宅。

日本元和六年（一六二〇年），角館在蘆名家手下開始發展，到佐竹家進入時，這位天皇的近親公家，因爲擁護豐臣秀吉遭到了打壓。關原之戰後，佐竹家被趕到了這個偏僻的東北小城。

然而佐竹家世代公卿，是天皇家的分支，從京都帶來了許多造詣極高的藝術家，衣紋道、歌道、詩道的家元們跟著貴族遷往這個得天獨厚的小城，並在此精益求精地發展了數百年，這裡一時成爲了手工藝貿易的中心。

偏遠的東北地區，從這時起才有了京都貴族華麗的吃穿用度的習慣。遷移到角館的貴族，帶來了京都的花木。這裡名貴的櫻花樹大都有三百年以上樹齡，在整個東北地區堪稱獨一無二。武士們帶來了京都式繁華生活的經濟基礎，周圍大量手藝人也應武士們更高的生活標準而生。

「製作者和使用者生活在同一個環境下，沒有絲毫的虛僞。」

這是角館手工業能夠保留下來的關鍵。

武家屋敷是一條貴族和武士家建築相鄰而居的大道。屋敷今天仍在使用，很多人家接受了現代化的改造，可以舒適地居住了，更多屋敷則被指定爲史蹟和物質文化遺產。

上面更接近古城山，也就是城主佐竹家所在地的坡道上，是武士的世界。下半部分則是手藝人和小商鋪所在地，繁華熱鬧，是庶民的世界。至今這街道仍是如此。塩野記得小時候街上有從事各種職業的人，有煉鐵匠、染衣匠、伐木師和燒炭師。這些跟隨武士而來，爲武家服務的手藝人世家，使角館在近百年裡一直是日本東北手工業的集散地。

武家的生活方式被鉅細靡遺地保存下來，尤其是文獻書籍保存完好。我們並不能隨便走入一戶人家。「武士家的正門一直關著，只有來了重要客人才能打開。」塩野說，和世界上任何一個國家一樣，二十世紀六十、七十年代日本經濟發展以後，古蹟的保存也越來越難。

實際上，現在武士的屋子大部分還有人居住。江戶時代武士階層沒落，庶民階層壯大。明治維新後，一些下層武士開始向手藝人階層移動，東京和京都的世家們還在固守身分和面子，而天高皇帝遠的角館卻開始了一輪知識分子進入手工藝行業的大潮。

在「樺細工」這樣的日本傳統工藝裡，把樹皮用鯊魚皮、樹葉子或其他天然的「砂紙」，磨成金燦燦的效果，在看似斑駁實際光滑的表面上，創作自己的圖案，是貴族生活習慣的延續，也是武士審美對手工藝影響的證據。

以山櫻樹皮爲主要材料的樺細工，是由佐竹家武士發明而來，兩百多年裡，這種手藝只用於武士階層。獎勵給武士打勝仗的獎品，階層之間相互饋贈的禮品，比如菸草盒、藥盒、放畫軸的捲筒、茶盒，幾百年前技藝已經成熟。早年間沒有工作的武士進入山林，把磨樹皮的技藝變成了文人雅士的工藝裝飾。幾百年裡角館文風盛行，出了不少文人、教育家，直到現在，角館知事仍然由貴族家的後人擔任。

今天塩野帶我們尋找樺細工工匠三浦的時候，三百年前的老物件和今天新做的東西放在一起，並不專門以年代區分。

「匠人的用心，在最好的作品底部才會刻上名字。」

日本傳統工藝大展每年依然在繼續著，像三浦這樣已經連續獲獎的師傅，可能就是下一位人間國寶。樺細工工匠裡現存於世的人間國寶是塩野米松的高中同學，一百多年前天皇大婚的用具就由他家生產，直到現在依然是皇家專用。

武士道和商人之道，在日本精神裡本來分道揚鑣。但角館的氛圍更加輕鬆，商業和手工業因爲角館獨有的特點在此地形成了貿易的中心。在武士階層破裂的時候，一些下層武士沒有拘於面子成爲浪人，而是流向了手藝人的階層。

「武士們把樺細工作爲副業，增加收入，導致手工業的作品帶入了知識分子式的審美，不斷精益求精。」

樺細工，這是只屬於角館的手藝。塩野米松關心的除了樺細工，絕大多數也都是傳統自然經濟、農耕社會的產物。因爲，操之過急是違反自然的。儘管令日本自豪的工業化、現代化僅用二、三十年就達到了西方一、兩百年才達到的高度，然而從公家、武家身上傳達的風流文雅卻開始在知識分子身上發生作用，更廣泛地傳播開來。因此，早在百年以前，三宅雪嶺就開始抨擊以鹿鳴館爲首的歐化政策，擔心日本因爲善於極致模仿而舉國成爲歐美的劣等翻版。這是根本意義上的「守」。

在角館，從武士的世界到商人的世界，儘管居所是完全分開的，但兩者的生活方式卻由這些手藝物件緊密聯繫起來。

「生活是由製造者和使用者來共同完成的。」

角館的武士房，儘管是用了三百年以上的建築，實際上房頂大部分是就近取材。貴族用杉木板建的屋頂，必須是天然杉木，因爲種出來的樹不夠結實。下層武士用草來做房頂，這樣修理和保持都比較方便，房頂表面好處理也比較防水。

角館周圍的天然森林被常年保護，正是爲了便於取材。每二十年屋頂和木結構就要大修。至今仍有專職維修武士房屋的組織，從樹木到工藝都受到保護。

「什麼是日本人的特質？」這是塩野米松在旅行中給自己提出的問題。不僅僅是手藝，「尊武賤商」在明治時期大行其道，日本急速推動開化，想以不到一半的時間迎頭趕上歐美。夏目漱石把這歸結爲表面的開化，只會讓日本人變得更神經衰弱。

不過這樣的浪潮，在角館卻能看到意外的緩和景象。因爲遠離權力中心，在漫長歲月裡，生活艱難的角館武士放下包袱，主動向手藝人靠攏，保證了其生活方式沒有太大的改變和衰退。

在武士家的房子裡，我們沒有見到一寸水泥、鋼筋，除了電燈設備，還是在井裡打水，地下管網完全沒有進入。「劣等翻版」在角館完全失去了土壤，難怪這裡的人保持著一種對傳統的自豪。

手藝與守藝

在武士松本家，用槭樹條編織籃筐的菅原女士，和她的徒弟相對促膝而坐，彼此並不閒談或查看，現場的擺放也並不因爲有遊客來參觀而有什麼布置。身後是一扇光線可以直接照到手的窗戶。炎熱和蟬鳴不會使她分神，也沒有可以乘涼用的風扇。

籃子越編越快，手裡是一點兒沒有停。木槭工藝是指把木槭樹或野漆樹的樹枝劈成細細的條片。菅原坐在墊上進行打編。眼前安放著一個直徑三十公分的圓形厚木板，需要使用柴刀或其他刃器的時候，都在那上面來操作，那是一個小小的工作臺。

編織的時候，需要先把木槭樹料劈成八瓣，挖空每一小瓣上的芯，再把它們都按同一寬度削薄。劈成條的時候，她會伸出一隻腳，用腳趾壓住樹條的一端，再用兩隻手來劈著，把它們弄薄。這劈條的工序是材料加工過程中最難的。要劈得均勻，需要心細再心細。腳是裸著的，身體也始終保持同一個坐姿。

有時候，菅原會特別借助太陽的光線，調整木片彎度和形狀。那種一望而去有如陰陽棋盤一樣的編織「光」，沒有斜射的自然光是做不出來的。師傅就坐在這個位置上，徒弟則要反覆加工和修改一些細小的部位。

「如果籃筐出了問題，請一定告知我們。」的紙條放在小籃子裡，我想現在哪裡還有顧客會去修理一個小籃子，這無非是日本式的敬客之道。以專注的姿態堅持去認眞編織籃筐，和日本人使用敬語的場景很相似，不僅僅是爲了尊重對方，也是爲了傳達自己細心高雅的態度。

「這是一種非常古老的姿態。有人說這太老舊、太落後了，也有人覺得這樣不錯。」

有意思的是，這種小簍子是過去角館人乃至整個東北山裡人，進山的時候掛在腰間用來裝蘑菇和野菜的，插秧和撒豆時也用。「我去釣魚或去野外的時候，還會把那種籠筐帶在身邊。籠筐那輕柔的肌體，耐水的性格，用作戶外道具是再合適不過的了。」塩野是戶外專家。這種籠筐可以在長達一個月的插秧季節一直保持浸濕而不發黴，並且能達到一個用上一輩子的結實程度。

「秋田是個冬季雪很多的地方，不適合竹子生長。這裡的人們就用柔軟的木檞樹和野漆樹來編簸箕、籠筐以及各種農具。」除了筐籃，還有一些編織中的「馬」和「狐狸」，在秋天都是當地孩子常見的玩具。

藤編、竹編是日本手藝裡的一個大項。日本最有名的一種柳條箱，是由來自「最後的清流」四萬十川的土佐柳製作的，價格越來越昂貴，卻並不因爲與奢侈品的合作就變成「作品」。雖然是「過去火車站行李處堆積如山的東西」，但日本人「惜物」

的心情並不因東西貴賤而有所不同。

「使用者和製造者都不會隨便拋棄和損壞，這就是手工藝品聯繫的一種人的認識。」

廉價的工業生產代替物缺少靈魂，就得不到這樣的「關照」。手工業之後的製品出來以後，人們才發現手工製作出來的東西那麼適合自己的身體。

「它們都有體溫，這體溫讓使用者覺得溫暖。」手工藝品不是作品，而是日常生活用品。塩野這樣對我強調。「與自然爲伴而勞動的人，都有一本自然日曆。材料來自大自然，所以必須遵循自然，只有某個特定時期才能生產，因爲大自然只在那時提供材料。所有的手藝都不是年輕人占優勢，上了年紀能做的，和年輕人能做的，都不同。」

那些他一開始採訪的手藝人，大多出生於四十年代，正好在他們的青春歲月裡，從貧困與蕭條的日本，過渡到經濟騰飛。因此受到社會發展的衝擊是必然的。

塩野說，現在能堅持手藝的人，還是要靠這個來吃飯的。「日本的傳統工藝也並不像你們所想像的保存得那麼好。」儘管有各種各樣的法律、觀念都在保護，但手工藝的不斷流失是時代的現狀。

「手藝怎麼誕生的？大家都種地，他的農具做得好，大家都來買，他是因爲手藝能賣出去才能生存。」現代社會，失去了農業文明的基礎，手藝的消失是必然的，在這一點上塩野非常理性。

塩野採訪手藝人的時候，彼此都抱著尊重的態度，不是農民接受專家採訪。塩野一代代看過這些家族成員。「互相尊重而不欺騙，我從沒發現手藝人有什麼特別需要隱藏的東西。他們的困苦或者尷尬是我本來就知道的。」

日本的使用者地位是很高的。「不是爲了像藝術品一樣來欣賞你的東西，而是爲了使用，不好用就賣不掉，手藝人就活不下去。」基於大家這樣的共識，做的人不隨便做，用的人也瞭解。

「日本的手藝人之所以還能存活，是使用者堅守起來的。」

「神話手藝」是一個塩野米松也聽說過的趨勢。他前不久聞名而去福島一個以手藝爲名的小鎮考察，師傅啊，匠人啊，這些稱謂不絕於耳，他卻發現東西做得很差，賣得很貴，居然還賣得不錯。

「如果你的人和你的東西不配，那就有問題。無數次失敗以後，工藝品才能達到一個高度，從一個好東西裡，你是看得到無數的失敗的。」塩野米松有自己的判斷方式。

「日本社會優勝劣敗，把所有東西放在一個無形的篩子上。被認可的人最後能達到『匠』，東西做得不好很容易看得出來。」除了自己的努力、師傅的傳授，一個好匠人還需要好的使用者。

「如果你們慣著他，很快就不行了。」他想想那個不怎麼樣的「名家」，有點嘲弄，「對這種破手藝就應該說再見。下回我去就要刁難他們一下！這是日本社會很少見的。」

「生活工藝運動」是日本七十年代盛行的鄉村口號。因爲這幾十年裡對於手工藝的推崇，日本有不少地方開始自稱手工藝之鄉，但手藝變成產業並不容易。這也是塩野記錄的客觀情況。鎮上的工藝館裡展出的都是當地人製作的木製品、圓木筒、舀子和用蔓條編的編織品，仔細看看材料，都來自於通草、葛草、攀緣莖草、木天蓼草、紫藤等日本最常見的植物。

人們做事並不追求藝術，而只是因爲競爭激烈，希望做得更好，有更多顧客。日本民俗研究家三角寬曾經提到過「山窩」這樣的人群，生活在深山，居無定所，不事農耕，四處漂泊，卻心靈手巧，善於創作。「無形的篩子」讓工匠們反而輕鬆了。枯燥、厭煩或痛苦的神情很少出現在手藝人的臉上，也很少有點頭哈腰請人購買的情形。相反，他們神經特別集中，這導致很多手藝人頭髮早早全白，脾氣也不好，甚至有點固執。

塩野採訪過的一些手編師傅的祖輩就是從「山窩」裡學的藝。「我採訪的人未必是我喜歡的。但無一例外我尊重他們，雖然他們一開始也會以『一個城裡來的作家』的眼光看我，把我趕出門去。」

手藝之藝，不僅僅吻合傳統日本藝術「輕巧、清爽、曼妙」的特質，也讓日本以手爲職業的人的人性優點在職業中有所保留。我特別喜歡塩野將一位知名手工竹編婆婆比喻爲「山裡野兔子」，一條路跑到天黑，從不左右張望，一定要做到底才肯甘休。

生存之美

現在到日本，我越來越喜歡去鄉下。在那裡，看得到日本今天的社會從何處而來，也更直觀。塩野米松給我們看他小時候穿的一種特有的雪地靴，由特別厚的毛氈製成，高到大腿根部。山裡一到冬天，大雪能積到一公尺半，只有靠這樣的大靴子才能出得了門。

冬天的角館積雪四個月不融化，導致了漫長的寒冷，完全無法戶外作業。這樣的自然條件造就了一些特有的物品，比如盛飯的木盆「飯造」，但現在因爲有了電子鍋而失傳了。

「那需要一棵很硬的大櫪樹，豎著劈開，窮盡材料也只能做兩、三個盆。糧食短缺的時代，一個木盆可以換回滿滿一盆大米。在一個沒有現金收入、不產大米的地方，木盆就是一個人必須賴以為生的手藝。冬天可以做木勺，在大雪紛飛的山上，自己一個人在暖融融的小木屋裡，沒有白天黑夜地一天做上百個。這就是零花錢，平時在山下商店裡賒帳，上山十幾天以後把木勺都背下來抵帳。」講述這個動人故事的平野不久前離世了。

手藝人「絕不是聖人君子，更不是人間國寶」，塩野米松以一個知識分子的角度去採訪，多年來歷盡波折，「他們就是每天拼命為了養活家人而勤奮勞作的最普通的人」。

一個好的手藝人，應該是一個「不器用」的人。

「笨拙，而不是八面玲瓏。」

手藝人不需要「器用」，再笨的人，只要有「一心」，都能成為匠人。這些手藝能在經濟發展和社會變化中保留下來，有很大的偶然和客觀因素，並非堅守內心、忍受清貧等三言兩語能解釋清楚的。

因爲吸水和比較不容易沾麵粉，「飯造」木盆在城市人開始回歸「手擀蕎麥麵」之後，成爲用來和麵最棒的利器，木盆所在的小鎮也因爲國家公園的建立開始發展旅遊，但經濟因素還不是最關鍵的。木盆需要一種特殊的手震磨，必須去找新潟一位打鐵師傅來做，而那個師傅因爲打鐵吃不飽飯，早就改行賣電器了。

「修理」這個習慣的消失，使很多作坊不復存在。日本電視裡經常把日本刀推崇爲匠人精神的至美作品代表，其實農具的製作和刀非常相似。日本最貴的「源次鋤」，所謂昂貴也就是普通鋤頭價格的兩倍。作坊可以自己煉鋼，攝氏一千六百度之下，做鋤頭像做點心一樣輕輕地按著。「看你燒出的火的顏色，就知道你有沒有資格出師了。」

手藝並非幾百年不經歷變化，新一代會用半自動化機器來增加效率。「記得在我還是小孩子的時候，我們周圍的每一個鎮上都至少會有一家打鐵的作坊。我還記得作坊裡的那些風箱和爐子，還有用錘子鑿打的聲音。那時候，家裡的日用品需要修理了，或者想再做個新的，都是很自然又很隨便地跟那作坊的工匠打聲招呼，然後過幾天去取就可以了。於是，就有了修理來又修理去的習慣。那些作坊也因此而成為生活中不可缺少的一部分。」

「沒有得心應手的工具的那一小部分人，可以感受那種為難和悲哀。」使用者和工具之間的關係，製作者和工具之間的關係，這些是經過反反覆覆試驗才完成的優美又實用的工具。使用的人會根據自己的身高體重，提出農具的角度要求。五十年代日本農民為了開闢荒野製造了大量的農具，牢固、省錢、耐用，這些品質隨著時代的更迭也漸漸消失了。

塩野米松對手藝人的命運，多年裡保持觀察、追問，被認為是手藝方面的專家。他成了手藝的代言人，他進行與手藝人對話的直播和演講長達數年，在高級商場裡為傳統藝人增取空間，還得到了日本農林省和文部省的撥款支援，訓練高中生去採訪手藝人，瞭解另一種生活，「但是，誰也不能總結另一個人的人生」。

已經去世的日本前首相橋本龍太郎會把所有塩野著作後面的讀者回函寫好寄給塩野。在日本，塩野米松的文章被選入中小學教材，各種考試也常常以他所採訪撰寫的勵志故事作爲命題。「塩野是我們角館的寶貝。大部分日本人都讀過他的書，尤其是我作爲教育部門的人，我看到孩子讀手藝的故事，就覺得這更重要。」熊谷是角館當地的教育次長，「本地中學的課程裡，安排塩野教孩子們採訪撰寫手藝人，已經長達十年時間。這些是能夠對一個人的人生產生影響的。」

角館手工業重振的一九七六年，是塩野在日本掀起手藝風的起點。

「日本人是怎麼活下來的？」塩野米松說，他挑選的很多手藝人都在三代人以上。塩野更喜歡用「生存」來取代更柔和的「生活方式」這個說法。「我不想給日本人做個總結，每個人的家族都有自己的特性。我想看的是這些。」他寫作的一切題材只是爲了回答這個問題。

回望，日本去哪裡

「採訪手藝人，對於我自己的人生產生了巨大的影響。」塩野曾有一個小鎮青年的壯志，他考取東京理工大學，學習應用化工專業，「化學彷彿是帶我發明的學科」，他希望開發最先進的藥物或技術。「父親爲了躲避戰火而來到了偏僻的角館。我兒時的鄰居就是做樺細工的匠人。」經過努力考上大學回到東京的塩野卻很失望。當時東京的「公害」很厲害，污染嚴重。即便如此，高效率的發展造就現代化景象的東京不是沒有吸引力的。

塩野米松大學畢業的時代，正是日本掀起旅行熱的起點，日本人一下子從自己的想像中眞正走向了世界。在大家都成爲上班族的「一億總中流」（七十年代多數日本人自認身爲中產階級的國民意識）的豪情中，塩野卻是持懷疑主義的那一小部分人。「我想再審視一下自己的人生，重新考慮一下自己的活法。」

畢業十幾年後，塩野米松已經是日本的生活方式明星。他留著極短的頭髮，戴著大眼鏡，以「米松大叔」（uncle 米松）爲筆名，出現在電視和雜誌上。他是日本人裡最早出現在電視上周遊世界的人，走遍了五大洲。「紀實不允許一點創作，這讓我有點厭倦。」一九八七年，他身穿和松尾芭蕉同樣的袈裟，用一年時間，一邊吟詠俳句，一邊重走江戶時期的俳句大家松尾芭蕉的《奧之細道》（奧州小道）中的鄉間小路。

六十年代因爲日韓協定和日美協定，學生運動非常蓬勃。塩野這一代大學生希望改變協定，來改變日本政治和體制上的問題。「全世界的反美熱潮裡，我也是當時的一分子。」「化學家也好，畫家也好，作家也好，都需要很強的觀察能力。」一九七〇年畢業後他進入手塚治蟲創辦的「蟲 production」製作公司出版部，負責出版 COM 雜誌，「因爲小時候喜歡漫畫，我也愛畫畫，科學家和畫家是可以組合得很浪漫的。後來我發現比我畫得好的人太多了。」同時他也開始了自己的文學創作。塩野是日本最早的戶外派，常在日本最有名的戶外雜誌《BE-PAL》發表作品，從小知道哪個季節山裡的果子可吃，知道獵人怎麼抓熊，知道手藝人在幹嘛，塩野寫了很多最接近「人」的生活狀態。「很幸運的是，熟悉的生活成了可以養活我的工作。」

「日本人在城市頂層住宅的落地窗戶裡吹空調看著窗外，也很舒服，但內心還是會問：『這是眞正的幸福嗎？』」塩野說，「現在是平成，過去是昭和。每一個年代向前走了一點，那一點都是效率和經濟的部分，所謂現代，科技和醫療都是爲了讓人活得更好。經濟和科學結合得已經很好了，這裡面有一種合理性的要求。這個合理把人的部分犧牲掉。人在手藝裡，慢慢做一個物件的愉悅，漸漸沒了。其實每個時代人們都在往回看，現在和過去，一直都是表裡的輪迴。」

塩野米松不覺得美國式的生活是一種理想，「美國是一個有三百年歷史的國家，但也有自己的煩惱。雖然不斷在往前走，但也有回望的意識。」厭倦城市生活，回農村有一個小房子和一小塊地，過特別輕鬆的生活——這樣的「回望」是不分國界的。「英國人裡的紳士不是在城裡戴帽撐傘的，而是在鄉下戴著草帽幹活的。美國人會開著房車去鄉間，西部片也一直很經典。」

「日本人心底裡也有很多回望的情結。」可是向何處回望呢？「回望，不是一種鼓勵失敗者的哲學，而是你面對自己的失敗，反覆地總結。」塩野米松爲創作小說找到了伊豆群島的八丈島的民間印染「黃八丈」，用植物來染織的曾經是貢絹。塩野說手工人的工作裡本身包含著智慧，但沒有機會對別人講述。可是那些語言都是那麼活生生的，那麼有說服力，如果是以文章的形式完全不足以表現它們的眞諦。塩野把自己當成園藝師，從七十年代開始，傾聽，再修剪、整理。

「手藝誕生於沒有絲毫的虛和僞的年代。社會的變遷勢必要使一些東西消失，又使一些東西出現，這是歷史發展的慣性。但是作爲我們，更應該保持的恰恰就是從前那個時代裡人們曾經珍重的眞摯的相互信任的感情。」

不斷地尋訪工匠，成了塩野米松一生最寶貴的經歷。事實都是一樣的，工匠之手做出的東西已經越來越少，沒有繼承人的手藝，到他採訪時已經是最後一位工匠了。日本「自古以來」的生活方式和文化正在慢慢消逝。

一九八四年，三十七歲的塩野米松開始了對日本宮大工西崗常一長達十年的採訪。這篇文章開始在雜誌連載後得到了日本全社會的迴響，入選日本中小學教科書，成爲勵志經典作品。塩野用了近十年時間確立了自己的寫作風格，打開了手藝這扇日本工匠們長久封閉的大門。此後三十年，塩野走訪和採訪撰寫了近八十部作品，有寫漁民的，有宇治茶的歷史，也有清酒，等等。這些書是日本手藝類出版品的開山之作，此後引發了至今仍在狂熱的「手藝」風潮。這也是塩野最令人羨慕之處，他寫作的物品往往具有一種感染力，因爲眞實的生存，讓人產生不可思議的感動。

「在我們對人生道路產生迷茫的時候，可以去認識認識他們。那也許才是人本來應該有的活法。」塩野告訴我，「日本目前的文化回歸到了江戶時代，那時是『町民文化』，士農工商雖然把商放在最後，但當時最主要的文化是商人文化，推崇安定和諧的過日子。」江戶時代的武士，有一種「公司職員」的穩定感。

作爲維基百科上角館的第一名人，塩野走到哪裡，都有人上來打招呼。他也並不是很擅長應對別人的讚美，只想快點帶我去田澤湖邊走走。我總以爲他熱愛故鄉，連毛孔都會散發出和本地人的親近。沒想到他說，他只有一個經常一起喝酒的好朋友，更多的時候是一個人到田澤湖邊去撿石頭。河邊有一種黑石頭，曾經是忍者的武器，沒事他就來這兒扔石頭玩，有時候還能找到瑪瑙。「全世界的地方我只要想去的都去過了，現在在這裡，即便我默默地死去了，也不會有什麼後悔了。」

第二章

秋山利輝：二十一世紀新工匠

■ 如果手工藝衰落了，說明不是技術，而是人心衰落了。

神奈川都築區遠離東京，兩座相鄰的普通加工廠房，在一片低矮的日式建築中並不起眼。七十四歲的秋山利輝靈活矯健得像一個小男孩，他把所有的工具擺成一排，「切開樹木之前，我已經知道，怎麼切，會出現什麼樣的紋理。」把柄邊緣已經磨得沒有一絲稜角，都呈現出蜜糖一樣的琥珀色，一些小一點的刻刀上刻著「秋」、「秋山」，大一些的刨刀上刻著「天命」。

成為日本皇室御用傢俱匠人後，秋山利輝在近半個世紀裡一直占據手工傢俱行業的日本第一。在這個鄉間的木工坊裡，秋山利輝恢復了日本最古老的「學徒制」。日本文部省用五年時間為他拍攝了個人紀錄片，代表日本工匠文化之最，在飛往德國的航班上固定播放。

屬於匠人的時代必將到來

去過神奈川工廠的人都會訝異於這裡的機械設備特別古老。「如果我們不斷更換先進的設備，秋山早就倒閉了。」刻意使用古器具，秋山木工用最古老的工具來處理昂貴的材料。「我喜歡日本的木材。比較容易溝通，一棵老樹會告訴我，『我這裡不舒服，你來敲一敲。』」

我一直很好奇什麼人、什麼做法，才能夠在講求傳承的日本社會裡拔得頭籌。秋山利輝並非世家、名師出身。無論與木材還是與人在一起，秋山身上都不見傲慢，但他的微笑帶著一種鋒利的勁道，會隨時切中話題要害。日本傢俱訂製行業歷史悠久，秋山為日本皇室、國會、國賓館等場所製作傢俱，但除了神奈川緊鄰工坊的展示廳，秋山傢俱從不會出現在市場上，連照片都不能用作對外宣傳。

我找到幾張據說是秋山木工的傢俱圖給他看，秋山才一臉疑惑地拿出一個自己裝訂的列印紙組成的冊子。這張共同社發表的照片，來自二〇一七年一月天皇家庭「歌會始」之儀的官方照片。東京的皇居正殿，分為松、竹、梅三間，松之間規格最高，菊花紋飾的高御座，是舉行親任式等重大典禮的地方，天花板是曲折重疊的格狀彩飾，四周牆壁以紫赤色正倉院龍紋圖樣裝飾，傢俱由黑檀、花櫚等貴重的華麗硬木製作。儀式上，天皇與皇后坐在巨大的紫色木屏風之前正中，身著西式禮服的皇室女性們在屏風的左側佇立。正殿的視覺焦點，這張紫赤色的屏風，隔出最正中的格局，是秋山利輝半個世紀前，二十六歲時所做。

「屬於匠人的時代必將到來。」二十七歲創立秋山木工的時候他就確信這一點，但他所秉持的理念，當時卻引起了輿論譁然，「都覺得我是個怪人。」他和我想像中的「布道」者大不一樣。

幾年前「匠人」概念剛剛開始流行，我曾看過秋山利輝的《匠人精神》。在一系列涉及美學、禪宗和哲學的日本文化書籍中，匠人精神三十條守則加起來不過百來字，說明書文字般的「木匠守則書」顯得很另類。登上電視、出書的絕大部分能工巧匠，幾乎都是以「絕技」示人，讓專業的能力，自成一套技術要義。秋山卻把這些看上去像行為守則一樣的白話文字公之於眾，與既定的社會成規形成了對照。

「會說『好的，明白了，請交給我來做』的人，才是二十一世紀的新工匠。」這些規則一部分由他自己的經驗和理念組成，更多的則是繼承了以「心性」為根本，日本自江戶時代起極為普遍的「學徒制」。在幾十年裡，秋山木工所代表的是「逆流而上」。

秋山利輝成為了一直以來神祕、封閉的日本手藝學徒制度的代表。「你要先練習馬拉松。」他沒有對我開玩笑，「我們五點鐘起來跑步，然後是徹底清掃附近的街道。」為了補償木工廠給周圍居民帶來的噪音和交通不便，師徒們為相鄰的街區掃地，幾十年裡從未間斷。

進入木工廠，一眼看去分不出男女。他們全部都在進廠的第一個月時剃成了光頭。全體學徒每天大聲背誦「三十條」——無論男女，必須身穿寫著「木之道」的工作服，腰桿筆直，聲音洪亮清澈，一字不頓。前提都是「進入現場之前」，隨後的要求是「必須先學會打招呼」、「樂於打掃廁所」、「能夠擁有『自慢』」、「善於打電話」、「做一個會做自我介紹的人」……三十條全部背完，平均算下來大概是十一分鐘。八年學徒生涯，一個人要背誦一萬多遍。

這樣斯巴達式的修行，在日本社會從普遍被質疑，到逐漸被接受。他建立起一套簡單卻行之有效的體系，吸引了經營管理者的注意，成爲日本式企業文化的一部分，然後在廣義的文化範疇裡，刮起了日常乃至心理行爲準則的「復古」風潮。秋山利輝所著的《匠人精神》被認爲是日本近年來「心靈低谷裡選擇的第一本書」。

秋山利輝很自豪地告訴我，木工坊年利潤達到十三億日元，全體人員數量始終維持在三十左右，一直以來令日本同行業者無法望其項背。

然而，秋山開始學徒制的二十世紀六十年代，日本人的生活方式早已經隨著經濟發展開始改變，當時正是大規模機器生產代替手工，板材組合式傢俱開始普及的時代。

每一個修業的日子都是一場戰鬥

看了小徒弟若泉和武入徒以來和父母之間的幾大本沉甸甸的書信，我有些感動。這時秋山的目光，卻像一支長矛，咄咄逼人地投向了坐在我身後本來有點得意的若泉，「是嗎？你都這麼感動了，有這麼好的父母和朋友了，他卻還是現在這副吊兒郎當滿不在乎的樣子。」說得二十歲的若泉面紅耳赤。若泉已經入徒兩年，在比自己高一個頭的師弟面前，他腰桿筆直，目光炯炯，保持著師兄的威嚴和傲氣，然而此時的師傅並不在乎。

「在每一個修業的日子，對學徒和我來說，都是一場戰鬥。」秋山利輝帶若泉和武接受採訪，我以爲是愛徒，沒想到秋山告訴我：「我沒有誇獎過任何一個徒弟。」他和學徒一樣，早上五點起床，一天的木工活做到晚上十點，之後才是徒弟自己磨練技術的好時間，每天平均睡四個小時。「如果究查起來，大概秋山木工的事情並不合社會規則。」

「技術當然是一流的，但更重要的是成爲能夠感動他人的匠人。」在秋山這裡，「感動」概念的界線擴展了。我首先領教的是「罵人大法」：「最好在二十歲以前挨罵；罵人的人比被罵者擁有十倍勇氣；被人格魅力高的人罵；因爲品質高被罵……」剛剛被訓斥過的人如果苦著臉，會被師傅繼續開玩笑揶揄。我問若泉爲什麼要來這裡，他馬上調整心態，大聲回答：「我要當超過我師傅的匠人。」秋山利輝的表情反而柔和了不少。

「我『糾纏不休』、『愛管閒事』、『厚臉皮』地指導學生，一定會有成果。」無論何時何地，他把眼光時刻保持在對每個徒弟的觀察上。這樣的嚴苛看起來似乎對於「寬鬆世代」沒什麼吸引力。但是有意思的是，在秋山建立的匠人培養王國裡，近十年來，每年五月，從日本全國各地高中、大學申請來秋山木工入徒的人逐年增多，比招聘人數超出數十倍。

秋山利輝說：「其中甚至有東京大學畢業的年輕人，和三十歲左右的人。以前即使我想招人，連高中裡負責畢業生就業的老師都不理我。」

保持這樣「當頭棒喝」的絕對權威，秋山在日本算是個異類。「無論什麼事都會照應、對部下親切」這些日本式的上下級法則，到了秋山這裡成了忌諱。「我在訓斥時，是拼了命的。因爲學徒的一生都掌握在我手中。」一年後就只有差不多一半的新人留下了，正式修行時間是八年。「寄宿制工廠裡，要培養的是具有眞正工匠的心性和基本生活習慣的人，透過實習和研修讓學員好好學習基本知識。」

建立了「道場」的秋山利輝，恢復了號稱日本第一嚴酷的學徒制，一開始卻是一片爭議之聲。傳統匠人所守的師徒制，實際上是一種經濟關係，因此藏在人倫孝義的大道理背後，常出現利用收徒來斂財，束縛徒弟終生爲自己賣命這樣的事實。直到現在，這樣預設的規則依舊存在於一些傳統行業和演藝界。

在秋山小小的作坊裡，學徒完全沒有學費。前四年學習期間有比較低的薪水，住集體宿舍、集中精力學習，打掃、做飯、送貨，幫師傅在現場打雜，學習基本技能。每月拿到固定金額的薪水，除了分攤房租水電和餐費，剩下的錢每人每月三萬日元左右，存起來慢慢購買木匠工具，期間不得接受任何來自外界、父母的金錢資助。

第五年經過人品、技術的考驗，可以從學徒中畢業，成爲一名正式的工匠，開始正式爲師傅工作。師傅會在他們的名字後加一個「君」字。他們以四年的拼命工作，報答培育之恩。很少有人會在這個時期離開，因爲這才是他們作爲一個工匠職業生涯的開端，爲以後自立門戶做準備。第八年過後，正式出徒，秋山會讓他們獨立作業，或進入其他公司，自由選擇，並得到一百萬日元退職金。

「因爲好不容易培養出來的人才，八年後都讓他們出去獨立了，所以工坊每逢員工新舊交替時，營業額就要下滑一大截，甚至還有一筆不小的負債。」秋山木工常年保持工作人員三十人左右，工匠和學徒各占一半。眞正能挨到畢業期滿的人，每年只有個位數。一九七一年至今，完成了八年修練的總共約五十人，都成爲了木匠、傢俱設計業界的優秀人物。

要接受因為比別人優秀而被罵

在千年老店尚有七家、百年老店林立的日本，秋山利輝這條路絕非主流。他既不出自工匠名門，也沒有繼承家業。一九四三年他出生於奈良明日香村，因爲父親生意失敗，一家六個兄弟姊妹全靠母親一人做小販來養活，秋山利輝排行第三，經常要出門去「討米」借債。

「我自認爲不是個聰明伶俐的人，在小學和中學時，滿分是五，我的成績總是一。但我並不懶惰，只是去學校一直被罰站。我姓秋山（AKIYAMA），點名總是第一個被點到。無論是日語課還是英語課，最先被老師叫起來的總是我。但那時我還不識字，只能默不作聲，於是老師就讓我一直站著。又因爲我家境貧窮，買不起紙筆，直到初中二年級，我才學會用漢字寫自己的姓名。」體育不好，不會畫畫，笨嘴拙舌，卻極爲手巧，最喜歡旁觀奈良手藝人幹活。被一個鄰居婆婆拜託按照其想法做了一個雞籠之後，他有了做木匠的念頭。

十六歲的秋山利輝開始學習木匠時，所有的夢想不過是去大阪的木工廠工作。那時的日本剛剛開始興起技術學校，只開設建築和木匠這兩個日本戰後最需要的專業。「畢業時正好有大阪最好的木工坊缺個人，老師看看我，其實我不在可以獲得推薦的最優秀名單裡，但也許是天意，這個機會被我抓住了。」

傅高義（Ezra F. Vogel）夫婦在日本考察撰寫的日本「一億總中流」形成的過程中，當時的日本人紛紛湧向大學、大都市、大會社的「職員社會」之路。步入經濟高速發展軌道的日本，接受美國文化，崇尚西洋式的自由自在。傳統日本木匠很快被機器加工的廉價傢俱取代。上班族是當時最受歡迎的生活方式，年輕人不願意繼承家業，對於長久以來以血緣爲根基發展經營的日本社會來說，各種傳統業態遭遇了前所未有的危機。

二十世紀六十年代，秋山利輝最先進入的大阪木工坊，擁有十二個關西的知名木匠。他去了只能打雜，一個人拖著巨大沉重的傢俱，在坑窪不平的道路上送貨。「在故意挑剔和刁難中自我成長起來，面對始終不收貨的客人一直幫忙幹活、說笑，直到人家收下。」當時的老手藝人沿襲了傳統中的驕傲，又受到現代生活方式的吸引，希望下午五點下班，接活的時候脾氣很大，對學徒更是嚴厲粗暴。

「匠人因爲有能力，越發傲慢。」可作坊主的老母親負責他的飲食起居，卻給了他無微不至的照料。秋山的性格被這樣矛盾的現實磨礪出來，他從羞澀、不討人喜歡、無法與人正常溝通的鄉下孩子，變成了知道看師傅和顧客臉色，不放過機會學習，技術上絲毫也不懈怠的機靈學徒。

當時日本已經出現了大量生產的大型工業傢俱生產企業，其他行業也是一樣，人們希望獲得便宜的東西，一下子把各種匠人，從主流社會推向了社會邊緣。在其他人的抱怨、被淘汰和失敗中，五年後，秋山利輝的手藝已經超過了老師傅們，拿到了匠人同等工資，跳槽去了東京最好的木匠工廠。「但我自己將年薪降到了四分之一，從頭學起，一路挑戰最高收入。」東京的名匠們也希望輕鬆高薪，他們準時下班，指點秋山提高技術，再免費幫自己完成工作，一年後東京老闆也發現了他單獨工作的能力，秋山再次辭職。這也是秋山利輝雖無師承，卻不斷要求學徒挑戰自己，嚴守世阿彌的「守、破、離」之道，在學成之後一定要去外面求職或自立門戶的原因。

他的第三份工作是日本最高級百貨公司的傢俱部。除了接受傢俱、木器訂製以外，傢俱部還有修理和改造工作。日本有歷史悠久的百貨公司文化，服務上流社會的日常。秋山正是在這裡獲得了皇室訂單，製作正殿屏風。百貨公司傢俱部擁有一百六十名工匠，爲了代表「日本第一」，人人拼命加班，極有榮譽感，但秋山卻開始身兼三職，晚上六點到九點上設計學校，十點到凌晨三點再爲自己的前老闆加班。

「比別人快並不意味著不好，但公司認爲我不符合環境需要，給別人太大的壓力。」他流露出自滿的表情，「他們一向認爲我是個怪人。」我想起他的罵人法則中有一條：「要接受因爲比別人優秀而被罵。」正好對應他的表情。這一次被辭退之後，秋山無處可去，萌生了去歐洲闖闖的心思，但他的妻子和當時的兩個同事都支持他創業。「不久後，需要我的時代一定會到來。」十一年木匠生涯當中，他寫下了這些「口訣」，看似古老，卻行之有效，開始在木工坊的基礎上逐漸將學徒制建立了起來。

機器人不會懂得工藝背後的人的情感

秋山利輝以「育人」所確認的，是工匠的「精神性」。「人如何更有效地工作？」儘管秋山也了然商品社會的規律，要求付出更少，回報更高——對企業來說，如何以低成本獲得高效益；對員工而言，意味著如何少做事多領工資。「我的想法是用每天一〇一％的努力，達到對方一百分的滿意和一個喜出望外的驚歎。」他說，「二〇〇％的努力會讓人疲乏虛脫，也容易放棄。」

司馬遼太郎認爲，日本保存了世界上少有的尊重匠人的文化。大前研一在《專業主義》中這樣定義「專業」——向上帝起誓以此爲業。六十歲之前還無法順利寫好一封信的秋山利輝，卻更早地確立了這件事，「屬於匠人的時代很快就會到來」。

當代專業主義的「日本式表達」，正是秋山利輝和他的「木之道」立足的本源。專業主義拋棄了個人化道路，「專家階層的勢力遲早會增強，並動搖日本的產業。」日本人認爲，工具就是匠人的臉。在自己的工具上，秋山刻下了「天命」二字。「我覺得自己是一個受到天命感召的木匠，打從二十六歲起。」

「我們一定能贏過機器人。」秋山利輝極爲篤定地告訴我。他要求工匠們在製造任何木器時，「八分自我能力，兩分機械輔助」。他的學徒們首先要保證精神氣質上的獨立，「機器人不會懂得，工藝背後的人的情感」。在心性上不輸給機器。「日本只有我們，敢於接下單價超過一億日元的傢俱訂單。」

穿著繡「木之道」的工作服，已經修行到第四年的二十二歲的美智子活潑漂亮。她告訴我，連坐公車也不能有絲毫馬虎。「即使很睏也要好好站著，絕不能昏昏沉沉、懶懶散散地靠著鄰座的人。」在秋山利輝廣爲流傳的「匠人須知三十條」裡，包含的是工匠的心理建設。這些工作的基本要求、態度、心理準備、意識、技術等，全都是日本人自古實踐的教導原則，「全都是父母、祖父母、寺裡的和尚、鄰居的叔叔阿姨教給小朋友的內容，江戶時代的孩子們也應該都是這樣被教導的。『老天爺在看著呦！』」

「什麼都求快，人的心性卻無法同時成長起來，這就是現代社會痛苦的根源。」從聖德太子到隱元隆琦，日本社會千年裡對中國佛教、典章文物的沿襲和因循遍及生活中的各個角落。唐宋時期龍象「悟得」、「證得」的道，在日本發展出茶道、花道、劍道、書道、料理道等一系列方法論。

「道在平常日用。」健山秀三郎將掃除發展出「掃除道」，「敬事如神，待客如親」。「几榻有度，器具有式，位置有定，貴其精而便，簡而裁，巧而自然也。」中國傢俱追求的準則，到了秋山木工這裡，增加了日本式極致的體驗感，樣式簡單穩重，「在房間裡絕不奪目，爲的是襯托、扶持主人。」

簡單、樸素，是對秋山木工的產品最直觀的感受，不強調木材的華麗和雕工的繁複，講究本性。「傢俱應該隱藏在環境中，人背後。」尋求實用的本質，而不是外在的醒目。秋山雖然培養的是木匠界的明星，但幾乎所有的時間，他都穿著工作服從早到晚地待在神奈川的木工坊中。他的一舉一動，使本就與世隔絕的徒弟們，形成了極大的向心力。「我已經做好了以身犯難的準備。」

一九七一年他立業開始，招徒弟的第一守則是「無論男女，入社一週後，全部剃光頭」。花樣年華的少男少女，穿著完全一樣的灰色丹寧布工作服，頭髮剃到不足一寸，禁用智慧手機，五年內禁止戀愛。

秋山經常在學徒們放假時做出精妙絕倫的作品來，讓他們回到工坊時大吃一驚。「我所能夠做的，就是讓他們明白，原來自己是那麼無知，什麼都不懂。」越是高學歷、心靈手巧的人，越會有自己的判斷，甚至拒絕師傅的要求。他要求即使是聰明、成熟的徒弟們，也要「當一次傻瓜」。「爲了將自己認爲非常了不起的東西吸收爲己有，而能夠認眞聽取教導的人都是純樸率眞的，純樸率眞是一種非常重要的『能力』。」秋山木工對工匠、學徒的評價標準，是技術四十％，品行六十％。「我想培養的，不是『會做事』的工匠，而是『會好好做事』的匠人。」

連續奪得兩屆日本二十三歲以下「技能五輪」（青年技術奧林匹克大賽）銀牌的

松浦，是師傅面前最「抬不起頭」的那個。在秋山木工和她同批競賽的人並沒有比她更優秀的，然而秋山對她最嚴厲，「簡直潰敗！你覺得和去年相比，你退步了嗎？」爲了拼名次，松浦沒有做好現場的清潔，就被師傅兩個指頭毫不留情地在腦門上拍了下去。松浦壓力極大，她本來就性格內向，第三次挑戰路上她不斷給自己打氣，卻依然在最後時刻失敗，獲得了銅牌。秋山利輝也並不在意別人說他嚴酷不近人情。「記住這一天！」他延後了松浦和同期四個徒弟的畢業時間半年。受到壓力折磨的松浦，卻在和自己同期入徒的女孩突然出走之後，主動去對方家耐心勸說，將她又帶回了木工坊。「都是我沒有關心好她的原故，我完全把心思放在了自己的事情上，沒有注意到她很沮喪。」

在自己低落時仍然有餘力幫助別人，秋山培養的正是這樣的人。「技術再好，不懂得爲他人著想，就成不了頂級的匠人。」外界擔心他的「禁欲」規則，讓徒弟們不能戀愛，會導致他們孤獨、抱怨，可是出徒後，他的徒弟們都成了家，秋山利輝比父母還要盡心操持。「禁止戀愛不是爲了讓他們變得孤獨，而是在可以戀愛的時候迅速變成一個光芒萬丈的人。」

作為匠人，觀察力直指人心

「你知道木頭摸上去很『嫩』的感覺嗎？」學者日比野告訴我，作爲秋山木工的愛好者，他在妻子懷孕時，訂製了一個秋山木工的嬰兒床。一方面竊喜自己的奢侈，另一方面也有壓力和擔心。他到工坊裡去取嬰兒床時，手一碰上去就覺得驚歎，「床摸上去無比的滑，爲什麼木頭有這樣的觸感？」二十三歲的匠人師傅告訴他，因爲是想著嬰兒的手做的，希望孩子能夠喜歡觸摸自己的床。「師傅明明沒有結婚沒有孩子，而且他告訴我，嬰兒床已做成了可以拆裝成小櫃子的版本，孩子長大後可以改裝使用。」

「現在一個年輕人的夢想大概是從事律師、外貿之類的工作，而七十年前，是做一個好的工匠，讓父母感到幸福，回饋家鄉。」秋山利輝告訴我，木工坊不收理念與他相違背的家庭的孩子。「我相信技術上很多人都超過了我，擁有一流人品、懂得關心他人、感恩、替人著想，這樣的匠人才是這個時代最需要的。」

這些接受了現代教育、在智慧手機陪伴下長大的孩子，首先放棄了一切舒適。「用智慧手機人會變傻。」秋山利輝要求學徒們從進入的第一天就開始寫日記，記錄自我反省和與家人通信交流思想的點點滴滴。電話、週末、娛樂、社交，全部被禁止。工作時間長、精神壓力大、睡眠時間短，這都是木工道場中「事上磨練」的方式。這是日本陽明學的理念。「事」指的不是事務，而是事業。與孟子的「必有事焉」是同一個理念，講的是事上的磨練有一種反向作用力，作用於內心，看起來是在做事，實際上是在心性上下功夫。秋山要的是保持觀察力直指人心的能力。

「木之道」，有其深刻的日本特色的淵源。二〇一三年三重縣的伊勢神宮，舉行了「式年遷宮」。伊勢神宮每二十年重新建造一次，將神像移到新的神宮中，祈禱神力重新復甦。包括神殿和御門在內，以及各種用具、擺設全部新做。而準備工作都是從八年前就開始，工程規模非常浩大。「式年遷宮」是從持統天皇時代，即西元六九〇年便開始的傳統儀式，已有一千三百年以上的歷史。同時，它也是日本木工技術傳承的重要「體制」，無論多麼精妙的技術，都可借由二十年一次的儀式傳承給下一代。秋山利輝說：「我們每個人都從上一代繼承技術，然後再傳給下一代。這是每個人的使命。」

「建立道場」，然後「打破道場」。大部分徒弟離開工坊的時候剛過二十五歲，在木匠行業正值巔峰年紀，明眼人在這時都最替秋山感到惋惜，但他說必須讓徒弟們獨立，「這個時候是他最厲害的時候，出去了很容易學習新的知識，做出成績，站穩腳跟。」據說政治家、哲學家甚至娛樂節目的搞笑明星，不用提要求，秋山和他的徒弟們，已經可以判斷對方訂製傢俱的顏色、材質。作爲匠人，觀察力直指人心。秋山給我看今年做的一張巨大的桌子，用了五百年以上樹齡的日本杉木，「這棵樹與伊勢神宮的御神木同一個等級。人和樹一樣，都是在風雨、陽光下不斷生長。匠人就是用手藝製造出可以感動客人、繼承下去的傢俱。」

無論北海道還是沖繩，收下一個徒弟時他一定要去徒弟家中家訪至少三個小時。「爲遠道而來的客人，叫來豪華壽司外賣的家庭不合格，只有母親能操持一頓好飯的家庭，才能培養出一個好匠人。」他主張的是「親子同時受到教育」，要和孩子在一起八年，提前訪問父母，就知道怎麼讓孩子超越父母。「良知」、「良能」、「良心」則是他對人才育成最明確的指向。在日本人際關係越發疏離，結婚率、出生率屢創新低的現代，這樣的「復古」顯示出了不同的生命力。秋山利輝近幾十年裡不僅代表著工匠技藝，其學徒制更將「無法而不造」擴展成了一整套完整的體系。

秋山眞正的匠人理論是無關木頭的。工匠不談論美，他們執著於自己做事的極其微小的原則，並使之變成一種不可撼動的方式，對應的是世阿彌「守、破、離」之道。「先知後行」是犯了秋山木工的大忌，對於學徒，第一年的目標是「心即理」，第二年的目標是「明德親民至善」。

「很成功的人大概做不了這件事吧。我貧困、不聰明，對於世界也並不瞭解，但我有關愛別人的心，像我這樣沒有常識的人來做，反而更好。」秋山看著我說這話坦坦蕩蕩，「進入現場之前，先做一個不讓身邊的人焦慮緊張的人。」他把對環境的領悟，應用到手藝裡去。從日本的資本主義之父澀澤榮一，到現在日本式經營之神稻盛和夫，都是日本陽明學在事業性上的實踐代表。

「陽明學」是一個典型的「和制漢語」。日本江戶時代的「近江聖人」中江藤樹是陽明學在日本的始祖，也是江戶至明治時期在日本掀起了陽明學熱潮的開山之人。根據日本的特殊性和自身經歷，中江主張實踐、經世、事功。在格物致知上，又與王陽明不同，致知是通過正心來致良知，相比王陽明的「行知」，日本更強調「行」的經世致用性，更強調立志、自尊、無畏的思想。嚴格說來，日本「陽明學的尊崇者」並不是陽明學的研究者，而是努力做到像王陽明那樣活著的人。不是以「學」的態度看待一個歷史人物，而是以「教」的形式接受他的語言。

當代日本社會正在進行漫長的轉型期。日本一向自豪的終身雇用制度被廢棄，勞動環境急速變化，市場上充斥著大量的自由勞動力，「職場」等觀念被一再挑戰。

現在社會宣揚的是憑藉自己的專業技能，挑戰傳統制度弊病，彰顯個人價值，獲取高回報。「回望」這樣的觀念漸漸出現。技，需要以身體之，心要跟上，身心結合才能做好。

日本社會不止秋山木工，大量傳統行業，幾十代人的石匠、植物造園、木工等手工藝的傳承，把工作價值和人力價值合二爲一，至今仍是日本式生活賴以延續的基礎。日本人稱之爲「眞物」（本物）。在平常日用之間，一旦入道，就可以幫助人追求不滅的精神。

「如果手工藝衰落了，說明不是技術，而是人心衰落了。」

第三章

深澤直人：打造民藝裡的生活美學

■ 最美的東西就像一碗白米飯，沒有各種調味料之雜味的衝突和抵消。

如果把日本當紅的產品設計師深澤直人和民藝兩個字聯繫在一起，恐怕是一個互斥的組合，一個讓人聯想到五光十色的商品社會，一個卻是散落在時光深處的不起眼之物。可是二〇一二年起，深澤直人擔任日本民藝館第五任館長，同時又浸潤在各種潮流品牌如無印良品（MUJI）、三宅一生的產品設計中。所以，民藝和當代產品設計到底有何關係？如何定位手工藝者在當代社會的價值和地位？

深澤直人雖然看起來身處一個不相關的領域，但是能為民藝盡點心，實則是由日本這個社會的生活美學觀暗暗連結起來的。

匠人之國的民藝情結

日本民藝館是日本成百上千個私人美術館中的一個，旅日的中國美術家趙龍光說：「這不稀奇，（這樣的美術館）我可以給你找出很多。」在日本，好多私人收藏館都有可匹敵日本國立博物館的國寶級文物，在一些民間主辦的拍賣會上展覽流通，百年前的生活用器最高可拍到幾十萬日元。但日本民藝館是個饒富趣味的所在，即使在民營美術館發展艱難的日本，它的藏品也從來不賣，頂多是租賃展覽。

電鐵到達東京大學駒場校區，下車就是一條狹長的坡道，兩邊草木蔥蘢，很多和式小別墅掩映在一片高高的草叢裡，遠近都是一片片蕪雜的青綠，相比兩站之外的澀谷，這是個清靜的地方。從一處山坡的入口走進濃密的樹林子是東大的棒球場，球場的鐵絲網外長滿雜草。

一九一二年，日本「民藝之父」柳宗悅進入東大哲學系，二十四年後，他在東大邊的一塊荒廢的坡地上建造了日本民藝館，從此被日本人記住。這是一棟白牆黛瓦、和洋混搭的兩層樓木製建築，進入大谷石鋪成的玄關，立即就見擦得光亮可鑑的中央樓梯，使建築呈現強烈的對稱平衡感，乍看像幕府時代的洋館或府邸，只是遍布的玻璃櫥以及裡面暗色調的瓷和陶才提醒著人們這是個帶著濃重個人風格的私人展館。可相比於前段時間一下子就拍出四個青銅器，成交價一億美元左右的藤田美術館，這裡實在是「小家子氣」了一點。

第三任館長柳宗悅之子柳宗理去世後，民藝館的傳承成了個難題，但日本政府近年來將「民藝」、「物造」奉爲強國之策，所以誰來接棒非常重要。日本民藝協會推薦了深澤直人，因爲即使是當代設計，深澤直人的理念和民藝所宣導的實用主義觀也是一致的。此外，對於一個淹沒在商品社會裡的不甚顯赫的私人館來說，深澤直人作爲著名設計師的社會聲譽也可在維續上有所助益。

深澤直人可謂是大忙人，平時去世界各地與品牌客戶溝通、開產品發表會，難得來館裡開個會，還是在週末。我見到他時，正值館裡三個月一度的換展期。柳宗悅一生收藏了一萬七千件民藝品，對這個家宅般的小館來說不可能同時全部展示，於是三個月一換，每次更換休館七天，來客基本上都是老人家。柳宗悅在老一輩知識分子心裡地位頗高，年輕人知道得就少了。深澤直人曾經也在日本當地媒體上說過，民藝館作爲公益財團法人不能盈利，所以主要是靠一千日元一張的門票以及租賃展品維持營運。

相比於在國際媒體上出現的正式形象，六十歲、有著三十七年設計生涯的深澤直人外形精幹，習慣背著雙肩背包，拎個牛皮紙袋趕赴一場場會議。那天他穿黑衣黑褲，全身上下透露著一種規整、精細、不容含糊的工藝風格。他用流利的英語告訴我，他也不知道爲什麼，中國好多客戶和記者在找他。作爲 MUJI 的產品設計總顧問，他多少借了一點 MUJI 在國際成功的光芒，即使在日本國內，MUJI 也是一個重塑時代價值觀的「生活雜貨鋪」。深澤直人得過的獎包括美國 IDEA 金獎、德國 IF 金獎、紅點設計獎、英國 D & AD 金獎……

我問他的第一個問題，就是一個產品設計師爲何會和民藝產生關聯。他說：「在柳宗悅之前，社會對於美的理解是權力和階層決定一切，但柳先生不追求那些被稱作藝術品的工藝品。而且民間做一個美的器皿不是爲了追求藝術價值，所以柳氏會覺得那些付諸自然情感而製造的民間器具才是可愛、溫暖的。我的設計也就是追求這種溫暖的、貼合人心的部分。」

所謂「民藝」，是「民眾的工藝」的簡稱。這個詞在二十世紀二十年代之前的日本還沒有。日本大正十五年（一九二六年）一月，柳宗悅與河井寬次郎、濱田莊司等朋友到紀伊半島考察旅行，一天晚上住宿在一座廟裡，聚在一起討論建設日本民藝美術館的計畫。柳宗悅在〈日本民藝館的成立與工作〉一文中寫道：「在討論美術館的性質時，我們迫切地感到有必要創造『民藝』這一詞語。所謂『民藝』，是指與一般民眾的生活有著深厚聯繫的工藝品。」此後，「民藝」一詞出現在他的文章裡，即便譯成外語，也是直接用其日文拼音MINGEI，成爲一個成熟的詞語。

東京大學美學教授小田部胤久曾系統論述過柳宗悅的民藝觀。他總結說這個概念的形成「是以發現與『在銘物』（刻有作者名字的工藝品）相對的『無銘物』（未刻作者名字的工藝品）的價值，或顛覆以往重視天才勝於工匠的價值觀爲前提的」。柳氏的民藝之立論根基建立在批判西方近代個人主義藝術觀之上。

「不過，柳宗悅其實也重視像濱田莊司、河合寬次郎、富本憲吉這樣的天才個人作家。這樣的行為看起來似乎是矛盾的，確實如此，柳宗悅身上之所以出現這種矛盾性的傾向，是因為他要批判自己身處的近代。」他這樣分析。

充分具備近代人素養的柳宗悅為了運用自己所學的西方近代學問而超越近代，在擔任東京大學教授之餘，於一九二九年底到一九三〇年初的半年時間內又在哈佛大學發表英文演講，試圖使民藝理論化。

工藝：把美與生活統一起來

柳氏在第一次世界大戰（以下簡稱一戰）前接受的是舊式貴族教育，當他於一九一三年從東京帝國大學哲學心理學系畢業時，他已經在藝術理論上頗有建樹，並且是著名維新派藝術團體「白樺派」中最年輕的一員。在校時，他對英國神祕主義、佛教哲學和朝鮮美術等做過專門研究，對從明治維新開始西方文藝理論對日本的滲透做了深刻的反思。他寫過一篇叫〈革命畫家〉的評論，展示了他的早期思想：「藝術的確是人格的反映。藝術正是個性的表現。因此藝術的權威是籠罩下的個性的權威……因此藝術不以美爲目標，而以自我表現爲目的。」

「革命畫家」是指塞尙、梵谷、高更、馬蒂斯等後印象派畫家。柳宗悅稱讚「革命畫家」，認爲他們富有個性，向世人展示了其「破舊之新力」，或許巧合的是，在日本，這場求諸民族美學的思想運動跟中國的新文化運動平行發生著。

在隨筆〈我的心願〉（一九三三）中，柳宗悅這樣寫道：「日本現在的美學與西方別無二致。由於東方過去少有體系性的記述，付諸學問形式時或許不得已而如此……（但是）美的歷史中，材料豐富的東方理應擁有自己的美學……我們有建立東方美學的任務。」美學在當時的日本文化界備受重視，柳氏的思想原型一定程度上源於對東方美學之獨特性和獨立性的探索。値得一提的是，美學在日本本就是舶來品，十九世紀六十年代江戶末期，蘭學家西周（一八二九－一八九七）嘗試爲西方美學尋找「美妙學」、「審美學」等各種譯詞，最終在十九世紀八十年代定爲「美學」，西方美學在崇尚直覺論的日本從此走上水土不服的旅程。

小田部胤久認爲，柳宗悅是東西方美學比較學的集大成者，而他後來的民藝實踐實則脫胎於他的日本美學觀的逐步蛻變和成熟。柳氏在二十世紀初接觸了威廉·布萊克、惠特曼等人的西方神祕主義思想體系，特別是布萊克的直覺論成爲了他思想的基石。在柳宗悅看來，眞正的「個性」或「人格」絕不是以近代的主客觀對立爲前提的，他著眼於布萊克的一句話「自我寂滅」（self-annihilation）寫道：「愛是自我的寂滅，寂滅是完整個性的擴充、流失和實現。」

也就是說，柳宗悅在與大自然的融合中揭開了個性或自我的面紗，從「自我宇宙合一」的觀點出發展望日本美學的發展史，從中提煉出與佛教相通的成分。他透過吸收西方最新的藝術運動，由此追溯布萊克直至哥德，從中發現與東方文明的相通之處，從而能夠以身爲東方人的意識抗衡西方近代物質文明。如何抗衡西方文明，也許是他一切實踐的原點，民藝作爲形而下的客體恰好寄寓了他思想的原型。

從二十世紀二十年代開始，柳宗悅逐步將研究的重心轉移到了民藝學和工藝學方面。他認爲，「工藝文化有可能是被丟掉的正統文化，原因就是離開了工藝就沒有我們的生活。可以說，只有工藝之存在我們才能生活。從早到晚，或工作或休息，我們身著衣物而感到溫暖，依靠成套的器物來安排飲食，備置傢俱、器皿來豐富生活。如同影子離不開物體那樣，人們的衣、食、住、行也離不開工藝品。沒有任何伴侶能夠以這樣密切的關係與我們朝夕相處……美不能只局限於欣賞，必須深深地扎根於生活之中，只有把美與生活統一起來的器物才是工藝品。如果工藝的文化不繁榮，所有的文化便失去了基礎，因爲文化首先必須是生活文化。」

於是，他開始創建一個龐大的工藝文化思想體系，撰寫了大量的著述。他的晚年受佛教淨土宗的影響，發願要建立「美之法門」，「要將民藝美論打造成一宗」，強調「美之國度在現代實現的民藝運動，其眞正的目的是尋求一個場所，以顯示信與美深入結合的實在的世界，吸引大眾」。鑒於柳宗悅對日本民族文化的貢獻，日本政府於一九五七年授予其「文化功勞者」榮譽稱號。

後來，他的弟子吉田璋把他對民藝的甄選標準歸納爲幾個特點：由平凡工匠所製作，不加落款；造型單純樸素，無不必要的裝飾；堅固耐用；不刻意追求奇特和雅趣；地方性和民族性特質……在挑選入駐民藝館的藏品時，柳氏展示了有別於傳統日本國立博物館的自我風格，首先，主體是工藝品，即使在入藏所謂的美術品時，重點亦放在具有工藝性的美之作品上。

這裡的所謂「工藝」，是指與生活相結合的實用品。物品之美與工藝性之間有著潛在的緊密聯繫。以往總是重視美術而輕視工藝領域。「我們深切感到，無論是美學還是社會性方面，工藝都具有更加深廣的意義。民藝館最爲重要的工作，必然是要管理這些從工藝的角度來看很美的作品。」他在《工藝之道》裡這麼寫。

民藝啓發了設計改革

二十世紀二十年代時，柳氏曾經向東京帝室博物館提出申請，希望將自己收集的民藝品贈予博物館並擁有一間小展室，這一提案被斷然拒絕。在柳氏的思想中，民藝是涵蓋在工藝的體系中的，但明治維新時代的日本，民藝並不顯赫，尚不能登堂入室，公眾話語權由資本主義權貴掌控。再加上當時的社會風氣普遍崇洋，本土風格的器物被貶低和忽視，因而價格低廉。

正因爲此，柳氏得以遍訪日本全國的匠鋪，把中意物收入囊中。那時，得一件民間器物並不費功夫，或者去京都一帶的早市上尋覓「下手物」（便宜貨），或者是在窮鄉僻壤的商店甚至是當地人家裡，看中了某件稍有年代的東西，談妥了價格就收了來。很多是不問出處的。

最終在實業家大原孫三郎的資助下，日本民藝館於一九三六年在駒場建成開館。如今，館對面有一棟飛簷、寬面、園林建築般的和洋建築，那就是柳宗悅的家宅，如今已成爲「有形文化財」，跟美術館一起列入公益財團法人名下，每月只開放四天供人參觀。據說，柳氏建館的原因之一是他收集的成千上萬個民藝品在家裡不夠放了。古屋眞弓則說：「柳先生是爲了讓更多人知道民藝，宣導社會風氣才這麼做的。」

如今的館裡，我們看到的是每個展品邊都豎著小牌子，上面標有江戶時代的砂瓶、果子箱、粗碗等。古屋女士告訴我們，往往是賣家怎麼說他就怎麼記，「柳先生不是考古學者，沒法甄別它們眞實的年份，他是憑直觀感受選他愛的風格。」當日本各大型博物館都在文物鑑定和拍賣上不遺餘力時，民藝館卻似乎一直沉睡在往昔的一角，散發著一種屬於「私」界的低吟。

因爲沒有文物，有些藏品年代不詳，民藝館也沒有資格申請博物館。但柳宗悅的價值在於，他挖掘出了一直以來掩蓋在地表下的民藝之光。開館的同時，他也對全國各地的工藝現狀展開調查，今天日本「工匠」之國的確立，其實有他當年的田野調查之功。如今日本有十多家以「民藝館」命名的私人美術館，都是步上柳氏的腳步。

一九四六年，柳宗悅出版了《民藝之國日本》這本書，二戰幾乎導致了手工藝的崩潰，但日本人對手藝的執著正如燒不盡的野火，所以這本書在戰後成爲了參考手冊。戰後，在一些古老的城下町，那些成片的手藝特色地帶還保留著紺屋町、簞笥町、鑄物師町、塗町等地名，許多手藝還以家族傳承的方式流傳著。日本是個巧用手的國度，正如日語裡用「手」誇各種能幹，上手（優秀）、手堅い（扎實）、手並がよい（本領）、手並にする（榜樣）……

翻譯趙龍光先生常流連於東京各種民間拍賣會，他告訴我明治時代那些華麗至極的金工製品是很多藏家的心頭好。「柳宗悅一生跨越了明治、大正、昭和時期，卻對明治時期的金工和蒔繪沒有興趣。」當他看見館裡粗樸和古拙的民用器具，不禁感歎柳氏在當年獨具慧眼。

每年年底，深澤直人在館裡籌辦一次全國性的當代民藝秀，匠人作品匯聚於此，有的當場就被買家買走了。作爲一個當代工業流水線上的設計師，深澤直人堅信，設計再先進，只要是大量生產，也不可能企及手藝之美。也是當館長的這些年，讓他眞正開始思考如何在工業設計中導入民藝的精髓，那就是實用中的美感。他拿出一個精美的紙盒向我們展示，盒上印著「朱塗三段九重」字樣，裡面是個朱漆果子盒，全赭紅三屜式，產自福島會津，學名叫「會津塗」。那是前年展會上他自掏腰包買的，從訂貨到拿到手經過了一年。英語裡的日本漆器為japan，正如中國瓷器叫china一樣，可見漆器對日本的重要性。

深澤直人曾在北京潘家園尋到了兩個廉價的宋代青白瓷瓷盞，是從景德鎮流出的，也暗合MUJI的某些設計風格。老闆告訴他，這是仿宋的，但窯還是老窯，土是一樣的土，這立即啓發了深澤直人，「為什麼今人在宋窯上做的就是贗品？只不過少了一千年的歷史。」他回國後跟MUJI的會長金井談起此事，金井立即讓他回到北京，問那口窯的來歷。他們發現他們可以去很多地方，用企業的力量打造瀕臨失傳的手藝，賦予舊物以新生命。於是「found MUJI」系列誕生了，每年公司的設計師會去北歐、泰國、韓國等地，尋找民間舊物以設計新產品。於是，潘家園的靈感就轉化為了「found MUJI」貨架上的白瓷杯。

深澤直人的設計哲學

在日本近代設計史中，深澤直人的設計哲學占有相當重要的地位，他認爲這世界上的產品數量已經到了一種過剩的地步，我們不再是一味地遵從包豪斯「form follows function」（形隨機能）來設計產品。很多人常說深澤直人的設計是ありそうでなかったデザイン，意思是他的設計好像存在過，但其實沒有，他也被稱作一個「設計思想」的設計師。

不是每個產品設計師都能夠在本國爲人所知，更何況是在國際上嶄露頭角，深澤直人的成功背後，存在著一個不可或缺的時代背景。他說，追根溯源要回到爲什麼MUJI在日本那麼受歡迎，「那是因爲在八十年代物質爆發的時期，人們發現商品的種類越來越多，包裝也越來越眩目，在這個時候日本國內有種聲音就是越簡單越好。」

木內正夫創辦的「無印良品」，日語裡是指「沒有標記」，盡是些包裝簡潔、成本不高的生活雜貨，卻給人以統一的風格和印象。對於戰後的高速城市化來說，傳統鄉村共同體瓦解，人們在都市裡被樓房圈養起來，狹小空間無法消受物質的爆發，於是MUJI應運而生，使住家有了傳統和屋的簡潔感。

MUJI諮詢委員會的平面設計總監原研哉也是個知名的人物，他曾說過：「高速發展的繁華時代過後，一個低成長時期又會擁有怎樣的價值觀，這是我們身處這個時代不得不回答的問題。」

深澤直人和原研哉在二〇〇一年加入MUJI時，提出了一個World MUJI的概念，讓它和世界知名品牌競爭。早在二十世紀九十年代，蘋果推出的一款powerbook100電腦，曾一度被傳言是受了曾在美國工作過八年的深澤直人的「無意識設計觀」的影響。「我在美國IDEO公司工作時，蘋果的設計總監Jonathan Ive曾經是我們的客戶，我們共同的理念是尋找思想的原型。」他說。

他的「無意識設計」（without thought）甚至在中國產品界也被反覆討論。他自己解釋，就是「比如說走路，它並不是小時候學會的一種行爲，而是你在走路的時候要看你的腳往哪兒踩，就是在尋找腳踩的一種價值。也是一種尋找價值的連續行爲。人與物、環境達到完美的和諧的時候，就是找到了一種意識的核心。」

深澤直人的設計觀超越了物表和形態，追求一種和人的情感記憶、文化和習慣聯動起來的功能，使物和五感相通，在無限的可能中找到恰如其分的表達。這一切也和一種民族的集體無意識有關，他說：「在日本，物與環境的關係比物體本身重要。」在沒有放雨傘的地方，幾乎所有的人都會把雨傘往牆上一靠，雨傘的另一頭就卡在瓷磚與瓷磚之間的縫隙中。這種情況下，他會只在地上開一道凹槽。

所謂「思想的原型」、「意識的核心」，對他來說，涵義之一就是至簡與純粹。「MUJI的哲學是越簡單越純粹，我覺得就拿北京胡同裡的青磚城牆做比喻，在那面牆上如果打上MUJI的LOGO，就是我們產品的視覺感受。」他從幻燈片裡找出一張攝於北京的城牆照片向我們展示，並表示，「最美的東西就像一碗白米飯，沒有各種調料之雜味的衝突和抵消」。關於白，他的同行原研哉有過這樣的說法：「白是所有顏色的合成，又是所有顏色的缺失，它讓其他顏色從中逃離……我們是尋找一種感受白的感知方式，有了這種能力才能意識到『白』，開始理解『靜』和『空』，辨識出其中隱含的意義。」

當人們一再地思考並質疑深澤直人所說的一碗白米飯有何玄機之時，日本社會已經走過一個個否定之否定的歷程，對於美的感知已取決於一種內生於生活本身的契合度。就像戰前柳宗悅在日本全國各地發掘自製自用的無名器物，這種器物正好妝點了和屋，如今深澤直人希望打造一種潔淨和純粹的生活雜物，以使現代人的家居回到從前的整飭感，其實是一樣的道理。

「當我把『民藝』一詞與『設計』進行替換之後發現，『民藝』竟然和『設計』包含的直接涵義一拍即合。」深澤直人說。日本人的工藝情結如同播撒在商品社會的土壤裡的養份，深澤直人把「found MUJI」專案看作一種「民藝復興」，並認爲兩者的共通點是都流淌著一種不冷酷、溫潤的人性關懷。

日本是一個直覺主義至上的國家，設計的精髓是把人共通的經驗的「預設值」發掘出來，最終抹去設計師的個人痕跡。一九二八年，柳宗悅在上野公園舉辦「國產振興博覽會」，推出一個樣板間展示民藝品，今天，東京的街頭再不會見到古物，但是MUJI的商店裡還會有個架子，寫著「発見祭」（發見指發現），簇擁著一堆白淨光潔的低價瓷具，碗裡的拉坯之紋在燈下流動著悅目的釉光。

第四章

小川三夫：工匠要有跨越千年的眼光

■我們要把這個時代最好的東西留給後人，隨隨便便建造的東西傳達不了眞正的文化，甚至會把我們已經傳承下來的東西也毀掉。

幾年前第一次去法隆寺時，輾轉火車和公車，在酷熱天氣裡終於站在了世界上最古老的木構建築群當中。西院伽藍乍看呈水平分布，沒有顯眼的高度。但是因為看了西岡常一在《法隆寺》一書裡還原的建造過程，覺得這碎石地上深褐色的建築與周圍環境極其吻合，讓人忘記時光。

法隆寺有二千三百餘件日本國寶，最為震撼的，還是木建築本身。建築學家井上充夫認為，古代日本對於建築造型的關心主要集中於外部結構，而非內部空間，追求的是實體部分。法隆寺最著名的「柔性結構」，至今仍被日本乃至全世界的超高層建築所採用，也是隈研吾為東京奧運新場館採用的核心概念。

位於奈良生駒郡斑鳩町，遠離熱鬧的遊人如織的奈良市，法隆寺的標誌是一隻斑鳩。法隆寺的興建者聖德太子的家族「上宮王家」以奈良斑鳩宮爲中心，法隆寺也叫斑鳩寺，不僅僅是佛教建築，也是王權象徵。在日本，以這隻斑鳩爲標誌的，就是小川三夫。有趣的是解體維修時發現，天花板格子掩蓋之下的幾百處塗鴉，有不少始建時日本手藝人的自畫像，還有動物的蹄印。我心裡想的法隆寺建造者的樣子，大概就是那樣戴著頭巾，和唐代人差不多的形象。後來看到多年前藥師寺上樑儀式，西岡與小川身穿白色的宮大工傳統服裝，頭戴黑色紗帽，居然和想像頗爲吻合。

西岡常一的血緣可以追溯到鎌倉時代法隆寺四大工匠之一。梁思成考察唐代木構山西五臺山佛光寺大殿時，對於它能保留下來有「爲後世朝山者所罕至，煙火冷落，寺極貧寒，因而得倖免重建之厄」的論斷，佛光寺至今依然寂寥。法隆寺在一千三百年歲月裡，歷代始終有名工和名匠環繞，薪火相傳，近代也陷入了「廢佛毀釋」的衰敗。

到了二十世紀初，西岡家祖孫三代成爲法隆寺的「人化」的代表，三代人不僅僅是專屬木匠，也作爲棟樑，用五十年時間，將千年法隆寺解體維修，將古老技藝流傳於今世。小川三夫是西岡常一唯一的弟子，在西岡去世後，成爲日本首屈一指的宮大工。

「人有跨越千年的眼光，這可以用建築來證明。」

堅持千年的棟樑

「木匠是沒有時間概念的。」彷彿愛麗絲掉進了兔子洞，小川給我的第一個口訣是關於時間的。面對上千年的佛塔、上千年的樹，他請我忘記知識，「用自己的眼睛，自己來判斷」。在進入法隆寺之前，學徒們和我一樣，只聽過「快點快點」的催促，做事情都是以快和短爲目的。在普羅大眾的知識體系裡，找不到關於時間和法隆寺的論斷。

半個世紀以前，西岡常一曾經寫信給還未入門的小川，說「塵芥和俗臭」讓人們預先被灌輸了知識，觀看法隆寺的國寶佛像和建築，個個像評論家一樣，卻並不能理解聖德太子「以此三寶爲報國泰民安」的初衷。

「日本千年文化，都因佛塔和這些粗大的柱子傳承至今。藝術是心靈的表現，佛塔、大殿、繪畫、佛像都應該是深深銘刻在人們心裡的作品。這些，都要看建造它的人，擁有幾度深淺的靈魂。」

作爲全世界最古老的木構建築，法隆寺煥發出的統一和穩定，已經成爲精神意義的象徵。法隆寺放置木材的材料庫裡，存放著的都是從建造寺院的年代裡栽種下的側柏，存在於同一個時空的材料和建築，是法隆寺活著的根基。我看到標著「懸魚」、「破風」、「虹梁」字樣的圖紙，在這裡一一對應著古老的實物。

小川一生工作的起點就是法隆寺。「如果一開始從江戶時代的建築入門，可能吸引我的就是華麗。」飛鳥時代匠人們建造的法隆寺，「不是搖搖欲墜地勉強站立，而是和從前一樣，凜然聳立」。五重塔是素色的，沒有加特別的裝飾。以樑、柱、斗拱爲特徵的木結構，空間布局以「間」爲基本單位，幾個間並肩排列，立面構成橫向的長方形。屋頂成曲面，建築飛簷的翼角、槅扇等細節都體現了當時中國建築傳入日本的特點。這樣的樓閣式塔進入日本後成爲佛教建築的主流。

從一般概念上，日本古建築觀是以無常觀作爲指導的。伊勢神宮每二十年就拆除一次重新大修，從西元六九〇年開始，這種「式年遷宮」的規則，貫穿了絕大多數日本建築本身無法永久保存的觀點，在神道建築中具有統治性。大量古建築風格華麗，園林庭院優美，富於變換，營造了日本最擅長的空間流動感。而恰恰相反的，法隆寺巋然不動了一千三百年，成爲一本活著的最老的木建教科書。

「上千個斗拱，整齊的柱子，沒有一處是完全一樣的，都不規則。這是當時的手藝人用魂魄所建。」西岡常一五歲時就被祖父強行帶到了法隆寺的工地現場。二十世紀初，法隆寺準備舉行一千三百年慶典大祭，祖父西岡常吉已經擔任棟樑。西岡一家世代住在法隆寺旁邊的西裡。西裡一帶現在很多已經成爲普通民宅，這裡曾是日本最優秀的工匠群落。和古建築有關的手藝人，世代圍繞法隆寺居住。

在物質與精神上，法隆寺與人彼此依存。支持了西岡三代的法隆寺住持佐伯定胤，十歲在法隆寺出家，擔任法隆寺勸學院講師後，堅持了恢復、保留宮大工的棟樑之責。正是在他的培養和幫助下，西岡一家三代用超過一百年的時間，完成了最後的使命。在宮大工這個職業已經幾乎被廢除的艱難時代裡，從一九三四年開始，佐伯主導了法隆寺始建一千三百年以來，第一次解體大維修。

此前法隆寺一絲一毫都沒有被人爲動過。西岡家三代棟樑之前，雖然也是世代法隆寺木匠，但沒有擔當過籌畫全寺院維修建設的領導人。廢佛毀釋以後，佛教衰微，「棟樑」一職，多年裡一直空懸有名無實。法隆寺依舊屹立，直到等來了「飛鳥再現」。

「它已經不單純是一個建築了。你看五重塔的椽頭，它們都在朝向天上的同一條直線上，經過了一千三百年都沒有絲毫的改變。上千年來，法隆寺的木料還活著，當壓在塔頂的瓦掀開、去掉土，慢慢露出木頭，木料還有側柏的香氣。你要讓它再活千年，否則對不起這樣的樹。」西岡這樣對徒弟小川說。

西岡常一作爲末代棟樑，是法隆寺名氣最大的宮大工。解體維修橫跨半個世紀，從一九三四年一直進行到一九八四年，後期日本經濟騰飛，佛教復興，而西岡有如遠古而來的風範出現在報紙、電視裡，在當時刮起了「鬼木匠」的風潮。一九七一年西岡建造藥師寺的大殿和西塔的時候，就匯聚了來自全國各地的手藝優良的匠人，大家都抱著一種「這也許是今生唯一的一次機會」的想法來建造殿塔，也希望能夠在西岡手下幹活。西岡的文章入選了日本中小學教科書。「在他的話裡，既沒有推測，也沒有來自別人的理論和說明。全部都是他親身的經歷。」

這不僅僅是飛鳥時代古建築技術的一個現代的重新發掘，也讓日本宗教界、手藝界、古建築界持續討論了一個世紀。整個法隆寺乃至周邊同時代建築群的維修一直進行了五十年，是日本現代最重要的大事件之一。

外號「法隆寺的魔鬼」的西岡常一，是在這個「現場」長大的。六歲時就被祖父常吉冠以名義上的「棟樑」。西岡常一對於自己身分的定義是「神佛的護法者」，絕非一般工匠。日本全國上下，以法隆寺「棟樑」爲尊。西岡這種撲身奉獻的姿態使人產生了「魔鬼」的看法。因爲長久的貧困和過於用功，西岡染上了肺結核，他的孩子從未享受過宮大工的榮耀。在最貧困的時候他只能以種地爲生，而非蓋民房，包括自住的。他閱讀法華經，把法隆寺當作聖德太子弘揚佛教治理國家的實證。宮大工世家還有太子講經會，探討佛法與建築的關係的傳統。

西岡常吉對孫子實行精英教育，從佛法典籍到農業技術無不精通。二十世紀初的日本，孩子們已經開始流行打棒球，常一卻被禁止玩耍，一個月只有兩天時間可以在場外觀看。兒時特別希望逃離法隆寺現場的常一，只要稍微一表達不高興，母親就馬上要他聽祖父的話。其實祖父並沒體罰過他，但一家人從不敢回應「是」以外的字。西岡一家祖祖輩輩都是法隆寺的專職木匠。但法隆寺棟樑，一代木匠裡只有一人。

按照祖訓，法隆寺木匠可以被派去爲天皇修繕京都御所，完工後會得到賞賜一匹馬、一斬刀、兩百俵米（一俵六十公斤）。這是因爲宮大工身分尊貴，基本上只能面對自己守護的寺院本身，接受外部邀約非同尋常，西岡祖父的祖父曾經參與修建過大阪城。這些規矩到了二十世紀戰亂時代依然被西岡家堅守著。

儘管地位崇高，西岡常一卻沒讓兒子們繼承手藝。工匠之家的規則不僅超越現實，還要高於血緣。常一就覺得父親楢光的工具用得不好，哪怕父親已經擔任了法隆寺棟樑，也得到了各種國家榮譽。楢光是入贅女婿，與常一都師從常吉，從倫理上來說是師兄弟。小川說，他們父子的關係一直不好，存在潛在的競爭關係。在西岡家，師徒關係優先於父子關係。在孩童時常一上農業學校還是工業學校的選擇上，祖父堅持必須上農業學校，「知道老百姓的日子怎麼過」，父親卻認爲上工業學校學習建築和繪圖，對宮大工的人生更有幫助。這唯一一次意見相左，以祖父勝利告終。

西岡常一進入農業學校不僅學會了農業基礎技能，而且上了經濟課。第一節課學習「要用最小的勞動獲取最大價值」的理論，但校長親自來向學生解釋：「現在西洋經濟的理論太多，這是極大的錯誤。你們是日本人，一個人種出大米要給幾個人吃，這才是日本的農業之本。」西岡常一一生對金錢從沒有產生過概念，一九四五年維修法隆寺時，他每天的工資是八．五日元，而一升米的價格是二十五日元。一家人吃不飽飯，最貧困的歲月不得不賣掉祖產，但他依然記得謹遵祖父的教誨，不蓋民宅，埋頭務農只求塡飽肚子。「宮大工理解的是有巨大年輪的木頭，沒有時間和精力考慮蓋一平方公尺的房子需要多少錢。」

去大學學習科學，還是向古代、向汗水學習

小川三夫十八歲時第一次在修學旅行時來到法隆寺，被千年的建築感動，一心想成爲建造法隆寺佛塔的木匠。經濟困難，資訊閉塞。高中生小川先詢問了老師，就背著行李前往奈良縣政府，政府給他指引了「西岡棟樑」的家。小川並不知道應該找哪位西岡，當時常一和楢光都是棟樑，但小川歪打正著了。兩個人第一次見面時，西岡常一正在後院做鍋蓋。當時法隆寺沒有工作，西岡拒絕了小川學習的請求。但他爲這個第一次見面的孩子寫了給「文部省古建保護委員會建造物科」的推薦信，毛筆在白信封上寫的落款：大和法隆寺大工 西岡常一。

小川至今仍然記得師傅當年的認真。「我年輕的時候，人類已經到達了可以進入外太空的年代。在科學先導的發達時代裡，太空船和登陸月球，都依靠非常精密的資料和技術完成了。我當時的選擇是，去大學學習這些科學，還是向古代、向汗水學習？」當時的日本正處於科技崇拜當中，同學們不少在汽車公司工作，企業職員是最主流、最受歡迎的身分。小川三夫的父親是銀行職員，「知道什麼工作好，什麼工作不好」。

宮大工的工作，在父親看來，和在順流而下的河裡努力撐著桿子不被河水沖走沒什麼區別。小川堅持走木匠之路的決心雖大，但文部省對一個不會用任何工具的孩子卻無法安排工作，只讓他先去學習運用工具。小川先去板材傢俱製造廠認識粗料，又去偏遠地區的佛龕作坊學鑿子和刀的用法，在貧苦的小作坊裡，一個小夥子不得不一邊背著雇主的嬰兒一邊幹活。艱辛而迷茫的歲月裡，西岡常一的信是他唯一的精神動力。

西岡坦誠自己的實際情況無法負擔小川的學習，「自古名工多赤貧，我已經赤貧得如同名工一樣了」，告訴他要熱愛自己的工作。西岡當時的考慮一方面是小川年紀大了，學徒最好是自幼開始的；另一方面法隆寺的工作斷斷續續，無法養活一個人。一直到報紙上刊登西岡即將開始修繕法隆寺的新聞，離小川第一次申請學徒已經過去三年了。「也請貴下作爲一個具有文化知識的社會人，用一生的激情，來支持我等這些常年隱身不見天日的宮殿木匠。」西岡的信中寫道。二十一歲的小川終於來到了法隆寺。

沒有活幹就不能帶徒弟。在「教育」裡，西岡採取的是「育的現場」。在這漫長的修行裡，日本人努力保存的不僅僅是形體本身，還有最重要的樣式。法隆寺具有代代相傳的樣式，有高度秩序感的形體。宮大工透過農業勞動，認識形式與秩序的意義，又把對結構原理的認識發揮到了神殿、宮殿等巨大的建築上。法隆寺反過來，以具體直接的方式孕育了人們的秩序感。匠人的性格和人品都得不偏不倚。

小川首先發現西岡和父親說話的方式不一樣。父親見多識廣，說話冠冕堂皇卻讓人無法接話。西岡話很少，但是每句都很深奧，而且自己沒有一點欲望。西岡從來不給小川邊角廢料讓他練習，而是只給一片刨花。「毫無個性的怎麼用都不壞的東西，培養了人們用什麼都無所謂的心情。」這就是西岡對大部分現代物品無動於衷的根源。而讀懂這一片刨花所蘊含的知識，需要很長久的時間。

西岡收下小川作爲「唯一弟子」，第一天就隨手扔了小川夜以繼日打磨了三年的鑿子。他正式向家人介紹徒弟，說「小川是我的繼承人，這是難得的事，從今以後，我的兒子們的地位要排在他後面」。吃飯時小川坐在西岡手邊，西岡的長子太郎比小川大一輪，卻幫小川燒洗澡水。覺得彆扭的小川也要幫太郎燒水，但太郎很緊張，「三夫你別幫我，老爺子看到了我會挨罵的」。

小川被嚴禁看書看報，連建築和繪圖的書也不能看，集中專心打磨手的技藝。每天兩個人走同樣的路，無話，西岡騎車，小川步行，他也想買自行車的願望被師傅罵了回去。有時徒弟走得慢了，師傅到了現場還是無話，但幹活的動作能看出生氣。只有兩個人在一起工作，一天到頭依然無話。「手把手地告訴怎麼做，掌握技巧倒很快，但是它並沒有滲透到身體裡。」「那一層膜去掉了，你就會讓手和木材眞正接觸和瞭解，最後木材透過你的手，伸向你的身體，直到你的大腦。」遇到阻礙是因爲修練的時間還不夠。「慢慢煮，慢慢熬，最終會讓你的直覺敏銳起來。」西岡從來不說這麼做不對。兩個人對一根大料加工，一人一半，小川速度又慢又沒用過古工具，師傅也不等他，做好了就翻面，小川只好拼命地做。「不要詭辯，不要矯情，只管用身體記住活計。」

「一點不苦，也不悲壯。」小川身上同樣有一種超然物外的品性，「無論花多少年，我也要學會那樣的技術和智慧。」面對一片刨花和沉默的師傅，他一點不著急，「想要模仿師傅，變成他的手。他說烏鴉是白的就是白的，要讓自己盡可能成爲師傅意志的一部分。」他有一種一往無前的天性，極其專注。「徒弟要時刻覺察師傅對事物的感受和反應，以及思考的問題。每天跟他吃住幹活都在一起，師傅摸的東西我也摸摸，保持跟他步調一致。」西岡早年非常嚴厲，經常在法隆寺現場生氣發怒，罵人、踹東西，只要他在，所有人都躡手躡腳。但小川從來不多想。「師傅讓我打掃工棚，實際上是讓我去看屋裡的工具，打掃另一間，是讓我看圖紙。」小川到來時就發現，如果僅僅從做事的角度，西岡其實並不需要徒弟。「法隆寺一有大工程，他手下就會雲集全國一流的匠人。」同時西岡也發現，小川是一個連覺都不睡來磨工具的孩子。「我心裡覺得他能成才，也覺得沒有讓兒子們繼承我的手藝是對的。」

向樹學習是西岡自己的方法。「木頭不會撒謊。」就是在法隆寺解體維修的過程中，西岡研究了法隆寺無數木材的刀痕。「飛鳥時代在建築上居於最高地位，用最簡單的方式留存下來獨特的建築美。那些柱子上留下的用槍刨刨過的痕跡，樑上留下的用手斧砍過的痕跡，刻在插木上的鑿子的痕跡，這些是獲得當時匠人們的資訊的唯一途徑。」這是他和古人對話的方式。他認爲所有的痕跡都是前人有意留下的資訊。磨練對事物的感覺，這就是西岡對小川的要求，不僅是技術合格，還要智慧合格。

「爲了美觀，匠人有時故意讓刨刀的痕跡留在木材的表面，一切可能都取決於現場的感覺，甚至只有當你見到那個木材的一瞬間才會有的感覺，那是一種像呼吸一樣的東西。」木匠說白了，是用身體記憶。氣味、聲音、手的觸感，這些都無法用數位和標準來記錄。但是同樣的感受和反應，那種默契，需要師徒之間長期的磨合才能轉移到另一個人身上。

因此，棟樑之下，大工必須有良好的人品和成熟的技術。此後是「引頭」，工具已經使用得很好了。最後是「連」。小川放棄了自己想要求知的「那一層膜」，把除了做木工以外還想學點什麼的那個心情給放棄了。

飛鳥時代的日本匠人智慧，到了天平時代因爲急功近利已經有所欠缺。因此後代造木結構的廟宇毀壞居多。中看不中用，對待樹木不認眞，浮躁心理，到了室町時代更加明顯，建築的速朽成了普遍現象。在維修十五世紀的建築時，西岡已經感到預算壓縮，匠人們不再以「傳達聖德太子的精神」爲己任，鐵釘很細，儘量省錢，敷衍了事。「那種散漫的、在上令之下應付了事的痕跡，木頭都誠實地說出來了。」

「讓樹木進入手和身體。」聽起來好聽，但是在現在的社會裡，這樣的做法會被認爲是浪費時間。日本傳統節日對於小川後來收的徒弟們來說是個關鍵，有的人回了家就不願意再回來了。那種做什麼都快，總能得到要領，又喜歡受到表揚的人，反而不太適合做手藝人。「因爲不是靠快，而是靠熟練。」

根據工具來判斷一個人的水準

我一直很想看看這個名字帶殺氣的工具。聽說北野武本來對槍刨興趣高昂，看到之後卻感到害怕。因爲全部用手工進行木料加工，對待古老的木料必須學會使用古老的工具。西岡常一對於古建築界的一大貢獻，是經過對建材表面的研究以後，復原出了飛鳥時代的古工具，槍刨。「槍刨的刀刃跟一般我們常用的刨子的刀刃不同，它中間拱起來，兩邊是刀刃。這種不規則的刀刃，常人是不知道怎麼磨的。但是，如果不能磨工具，那即使你很會用，也不能說你會用這個工具了。」

據說西岡常一手拿工具的時候，就顯得氣勢洶洶。而小川卻露出頑皮的表情，自由自在地擺弄這些木頭。青山隱隱之間，我們造訪了小川的第三間完全屬於他個人的工作坊。進去是一間掛著竹簾的純木工作間，大概百多平方公尺。亮眼原木的顏色恍如走入另一個時空。外面的山林蔥鬱而原始，四周的竹簾可以全部收起來，讓建築全部通透，像一個巨大的涼亭一樣正對著青山。森林的氣味、顏色和濕潤，讓已經進入加工狀態的木料煥發出一種舒服的姿態。這些木構件，和其背後的山林營造著和諧。儘管現在日本山林受到保護，修建寺社的木料有很多都來自加拿大了。

小川拿起槍刨，很珍愛的樣子，在一塊木料上「拉」了過來。像熱刀進入奶油，沒有一點聲音，刨花柔軟透明，散發清香。左腳在前，先抬腳尖，再落下，兩尺左右的手柄呈現出飴糖的顏色。刨花細密如紗，沒有任何不均勻的孔洞，要極快的刀才能讓木料出現這樣的薄度。他又換了另一個長方形的刨子，是五百年前的古工具，工作的表情從嚴肅變成了輕鬆，手下刨子有意一頓，抬頭挑釁地看我們一眼，拉一段，又一頓，再下手把動作做完，我一開始沒弄懂這停頓的意思。直到他讓開，我抬起那根木料，對著窗外的反光一看。這簡直改變了我對木頭的看法。柔軟順滑，那陰陽相間的木紋像波浪一樣，不僅平得能照出人影，而且木紋還能清晰地分出明與暗、閃光和亞光的反差。把一塊木頭手工刨成鏡子，想想眞是極不合理，然而又極眞實。不需要語言，這時工作的小川似乎進入了另外一種境界。我有點理解他說「不願意不做工，願意一輩子幹活」的心情了。

看到古老的工具依然這麼神奇，我難免生出世上再無幾人能用此刀的喪氣念頭。「工具衰退的前提，是工匠的靈魂先衰退了。」小川說師傅經常這樣鞭策自己，這話說得每個人都自省起來。「工具眞是不可思議。你用心地使用它們，它們也會回饋你。」小川告訴我，他曾經問過西岡什麼時候才覺得自己對於工具有了十足的把握，答案是：「六十二歲，我收你爲徒的時候。」

年輕時他連走路去現場的時候，都要手拿一根木棒練習一個動作——「磨」，尋找手握工具時磨刀的感覺。這種練武一樣的初級動作，其實是在尋找身體與感覺合二爲一的基本功。執著於磨的動作，和此後練習「劈」，是一個道理。因爲法隆寺每一個斗拱的尺寸不一樣，每一根柱子也不一樣。在一千三百年前的時代，加工木料的手段，以及能用的工具有限，無論是板材還是角材，都只能靠「劈」這一個手段。因此，每一個組合、每一處的榫卯，都需要不斷地調整著才能進行施工。

所以木匠最好從十來歲開始學，孩提式的細緻、單純，丟掉自己的毛病，下功夫尋找自己的方法。不問問題，思想裡也不能存在懷疑。磨工具需要磨兩、三年以後才能掌握技巧。後來小川手下的徒弟們進門，也得先放下自己想要詢問師傅，想要師傅多說幾句的那種「膜」。「我的徒弟有些是被社會拋棄的，不好好上學甚至學壞，嘴上說要當木匠，來之前已經有很多跟年齡不相符的壞習慣。這個時代裡，自己主動來做宮大工，那一定是個性強烈、毛病也很多的人。有些孩子一看就是什麼工作都無法勝任才來試試木匠，這樣的人一開始不可能磨好。」小川說著讓徒弟從辦公室拿來一幅西岡寫給大家的信：「不要等著親方（師傅）來教授你，你要一心一意想著，怎麼超越他。這才是匠道文化。」

自己苦苦思索試驗尋求得出答案，這個答案就是長在自己身體裡的了，一輩子別人都偷不走。我覺得對於那些年輕的徒弟來說，長年累月不能發問，是一件特別鬱悶的事，但是在現場看他們各自守著自己的戰場專注無比，連叫吃飯都不願意放下工具，又覺得他們享受極了。

爲什麼一定要用手工工具呢？「用手刨，輕輕地刨下去的是木料的細胞和細胞之間的組織，這種刨法刨出來的表面光滑得連水都存不住，也因爲存不住水，所以不會發黴。僅這一點，就大大地決定了建築的壽命。」

我發現鵤工舍在大料加工的粗製環節還是有電刨的，但是往後就沒有了。因此我以爲電動工具是給新人使用的，結果相反。木頭的身體，樹節、筋、紋，只有手上的工具才能感覺到。而電動工具只允許手藝非常好的人，用來做大料處理。佛塔寺廟的用材講究，不僅僅是因爲用途神聖，這些珍貴的材料也容不得一點差錯。「奇怪，有毛病的人，工具很難磨好。」

西岡常一承認自己「手裡握工具的時候，對誰都有不服輸的心情，自己也有股要強的勁頭。會按照自己的標準去要求他們」。後來他在藥師寺現場擔任棟樑，明顯比在法隆寺和藹了，小川說棟樑終於會對別人說「麻煩你了」這樣的軟話。甚至於對師母都說了一句，把師母嚇了一跳。「當自己不握工具，就會有麻煩別人的心態。」

「工具就是匠人的臉。我們是根據工具來判斷一個人的水準的。」工舍的晚餐後時間，就是把大家的磨刀石並排擺在一起。新徒弟收拾好碗筷也會來。大家一起磨到很晚。常有覺得自己的工具非常好的木匠來鵤工舍拜訪，然而拿出來一比，卻有一種人沒出手兵器先輸的無奈。這裡的人碰到其他業種的手藝人，大家會「讓我看看你的工具」。「要耐心、細心地對待它們。在寒冷的冬季，要像溫暖身體一樣地溫暖鋸子。如果不這樣，很容易在用的時候稍微一彎，就折斷了。鑿子也會渾身捲起軟軟的刨花。」

「工具，就是我們身體最前端的那部分，是把你用大腦思考的東西透過手來表達的那部分。」這句話是西岡常一的名言。看似神奇的描述，難以形成一個資料化的標準。比如鐵，並不是只追求硬度高就行。感覺上有些軟度的鐵切割硬的東西才是最合適的，但是很難遇到這樣有韌性的鐵啊。現在是高溫快速地冶煉，所以不可能煉出韌性強的好鐵，沒有好鐵就不可能有好刃的工具。作爲工匠，自己的秉性和毛病會體現在磨工具上。

面對佛寺建築和貴重木材，現場的每個人每一天都很緊張，但如果不能好好使用工具，做啥也沒用。聽話又順當的木料會告訴你「原來我這麼棒」，這裡的樂趣會讓人更努力去練習。「工具就像是自己的手的分身一樣，在每天的使用過程中，能感覺得到像是有種魂氣從那裡傳遞過來。」

小川說，西岡常一的父親楢光去世以後，常一讓父親的工具在法隆寺修復現場繼續留存了三年。「『已經過了三年，可以把放在法隆寺的父親的工具取回來了。』棟樑說。三年祭結束後，棟樑與弟弟楢二郎還有我，我們三個人去取工具。但是工具已經所剩無幾了，都被在那裡幫忙的人用掉了。棟樑也是一個沒有貪欲的人，對這個也無所謂了，就把剩下的帶回來我們三個人各自分了一、兩件算是留作紀念。只是個紀念而已，因爲我們都有自己的工具。」

飛鳥再現

日本的森林早已經無法滿足增長的佛塔、寺院建造需求了。軍國主義敗亡後，日本的宗教信仰自由得到了保障，經濟發展的同時，日本迎來佛教復興。歷史上，佛教曾長期高踞社會意識形態頂端，其教義理念經過千百年積澱，對日本民族風俗習慣、思想方法、價值觀念產生了潛移默化的影響。連西岡自己也沒想到，小川趕上了一個大興土木的好時代。在貧困、戰爭和地震中，法隆寺兩百年才大修一次，解體維修更是歷盡艱辛。

「立柱」儀式的牌匾下方寫著「晴天」二字。看到藥師寺立柱儀式的照片，我對這種宏大的儀式有了新的認知。作爲藥師寺現場的副棟樑，年輕氣盛的小川卻在大典前沒有被西岡安排任何工作和職位。「前來參加儀式的所有匠人都有自己的職責，身穿一身白，唱著搬運木材時唱的勞動歌。只有我一個人沒有任何的事情。反而是其他的同仁，給我戴上一頂黑帽子，讓我在儀式中扮成了『檢知』這一職務。」西岡從來沒有誇過小川，他後來告訴小川自己的用意：「今後你也是要成爲棟樑的人，因此，在那樣的場合，棟樑都需要做什麼，希望你好好看清楚。」這已經是兩人確立師徒關係五年之後的事，小川才知道師傅不僅要把自己培養成宮大工，更要成爲棟樑。

法隆寺木匠的口訣中，有這樣的話：「百人有百念，若能歸其如一，方是匠長的器量。」來藥師寺的匠人們對手藝信心百倍，希望有機會參加這個工程。西岡做爲棟樑要用他們來共同完成一個建築。「匠人一般比較頑固，因爲太自信了。有的人性格很彆扭。不愛跟人說話，只會面對材料。但這種人可能特別會用工具。」

七十年代藥師寺的大殿重建是橋本凝胤到高田好胤兩代高僧的主張。七一八年建造的藥師寺，以唐玄奘大祭爲每年最重要的發誓活動，是日本法相宗大本山之一。橋本畢業於東京帝國大學印度哲學專業，遍歷中國和印度佛教聖地，重修了藥師寺大雄寶殿與西塔，是日本平安宮國有化的推手，也是與日本政財兩界交往密切的「怪僧」。

比橋本略晚一些的高田好胤，是最早在電視、報紙等媒體上出名的「妙語和尚」，不僅帶著玄奘頂骨來過中國，還在三聯書店出版過論著。一九七一年他組織修復藥師寺金堂和西塔。西岡常一回憶當時他對做修復棟樑頗感猶豫，但看到有非常多企業要求贊助，高田卻堅持以手抄百萬卷經書來募款，打消了西岡的顧慮，也吸引了數千名日本的能工巧匠自發前來，轟動了整個日本。「現在在東京市中心高樓之間建設的廟宇，和山腳下建設的廟宇，從環境、姿態上都有各自不同的要求。」小川在修復了法隆寺、藥師寺和法輪寺之後，也開始向其他時代的建築進發。對於面前每一塊不同的材料，在找出它們彼此不同之處的同時，更要找出如何有效地使用它們的方法。這是靠多年的經驗和直覺來判斷的。

樹木被活用，這個智慧既不能用資料計算，也不能用文字記載，也不能用語言表達，只能被一雙手傳遞到另一雙手。這樣手的記憶，傳了一千三百年。「古代的木匠怎麼把山裡的樹運下來，這不是需要知識，而是需要智慧。我在市中心去建，也只能靠智慧，沒有現成的知識可以沿襲。樓閣式塔在日本重新造型，從簷的長度到高度，都因日本的多雨氣候和地質條件發生了改變。」宮大工擁有的不僅僅是知識，還有智慧這一點，全靠漫長的時間來證實。「知識是可以傳遞的，而智慧不行，只能靠自己領悟。」解體維修，只是法隆寺專職木匠學習技術的法寶。小川覺得將來理解自己的人，也許到三百年以後自己建造的寺院維修的時候才會出現。

「在寺廟行走，當你路過巨大的杉樹楠樹，心會顫抖一下，還會有小小的恐懼。日本的巨大樹木被視爲神樹。我每天跟它們打交道，對木材很敏感。」木構建築不是按照尺寸來建造的，而是按照樹的癖性。這是法隆寺宮大工的基本口訣。用省事好用的木料，不用有「癖性」的，是機器最喜歡的，因爲不用改變刀刃的磨法和角度。慢慢匠人手上功夫就退化了。

「宮大匠一直跟側柏打交道，這樹就跟人一樣，每一根都不同。千年的側柏，成爲千年的建築，這就是法隆寺給我最好的印證。」法隆寺的柱子在基石的部分，都留有一定的「遊空」空間。當時沒有水泥，每一根木材跟自然石結合立於地下，每一根底部的朝向都不同。與此不同，現代建築柱子的底部朝向完全一致，也就是地震來了所有的柱子都朝一個方向擺動。而遊空使柱子沒有被固定死，這樣晃動停止後柱子很快就能復位。

日本的建築不是採取與自然對抗的方式，而是保有與自然融合的謙遜。這也決定了大部分日本建築走向水平，而非垂直。早在法隆寺開始維修的時候，學者們幾乎眾口一致地，希望加入鋼筋水泥。只有西岡認爲，側柏比鋼筋結實。側柏有品位、香氣好，在《日本書紀》裡有「建造宮殿要用側柏」的記載。側柏癖性很好，新木料容易加工、釘釘子，時間長了，木質會收緊，釘子就拔不出來了。這樣的論戰在西岡的後半生始終不斷，導致他對學界非常抵觸。到藥師寺還是如此，學者考察的結果，建議西岡在修藥師寺的時候加入鋼筋。但西岡認爲：「飛鳥時期的建築從沒用過鋼筋，但它們已經存在了一千三百年之久。」

長久，是建築佛寺的關鍵字。不同於藝術品、工藝品，它既要頂天立地優美的形態，又要能在大自然當中長久地存活。樹的性質就很重要，木頭的生命和癖性才是自然的戒律。小川說自己的建築決不能摻假，因爲面對的是一千三百年的法隆寺。「寺院眞正落成是在三百年以後，那時塔簷的沉降、整體的變化都已經完成。後人再來解體、維修我的寺廟，發現一點都不摻假，就和我維修法隆寺時的感受一樣。」

「每一層塔的高度都是經過嚴密計算的，每一層都要按比例縮，當塔建成，最後按上頂部的相輪、頂瓦這些來自外部的重力，這時候，整個塔就會慢慢地往下沉了。如果是用中國臺灣側柏的話，因爲它比日本的木材質地硬，所以，要想讓它最終縮三寸的話，就得完全憑自己的感覺計算了。」因此他面對每個寺院都好像在戰場上。每次完工後徒弟們很高興，只有他開始擔心，三百年，一個木構寺廟才算眞正變化完成，進入穩定的階段。所有的變化、樹的癖性，要在木匠的預料之中。簷角有些翹起，是爲了三百年後，簷角下降到正常的程度，此後就保持不變了。他給未來三百年留出的變化餘地只有三寸。說出這個答案時，他眼神極爲堅定。

因爲日本境內最古老的長野的側柏，也只有五百年了，西岡到臺灣深山裡購買了巨大的千年大樹。「那些樹木讓人想要雙手合十。」宮大工不是買樹，而是買山。「機器挑選的木材是好用的，人挑選的木材是有個性的。而那些有個性的樹生命力才頑強，越是溫順的，生命力也弱。砍樹的同時栽下樹苗，給兩百年以後的人留下材料，這是我祖父的做法。」

從山腰間到山頂的樹材應該用於結構，因爲在這裡生長的樹木沐浴了充足的陽光因而長得很結實，尤其是山頂上的樹，不僅沐浴了充足的陽光，同時，風吹和雨雪吹打讓它們生長得木質堅硬、癖性強烈。這種性格強烈的樹材最適合用在柱子、橫樑這樣支撐整個建築的部位。把扭向右邊使勁往左復原的樹材，和扭向左邊使勁往右復原的樹材放在一起構建的話，木材之間的癖性會相互受到影響，從而使建築本身免除傾斜的擔憂。

西岡從不給任何人期待，也不吹牛說大話。乾脆就把按照自己想法做的模型用藍色塑膠布蓋起來，不讓學者們看到。與此同時，他與小川爲東京國立博物館做了法隆寺五重塔十分之一比例的學術模型，爲近鐵歷史教室做了藥師寺的模型，學術模型是從斗拱、柱子到椽子，每一處都要跟實物一樣準確無誤的復原製作，一個模型就需要兩年時間。

「藥師寺聚攏能工巧匠的時候，我看到那些眞正厲害的老師傅們，第一次接觸到千年木材還是受到不小的震撼。大樹，給人帶來的震撼和它的魄力，無法用語言表達。」小川碰到自己的徒弟們對大樹不敢下手的情況，從來不去干涉。「有的人量了一遍又一遍，有的人上來就做。都沒關係，當一棵巨大的樹木在你面前，你最終都得慢慢適應，用平常心來面對，讓它幫助你成長。如果蓋普通建築你一輩子也碰不到這樣的樹，年輕時爲時間和金錢操心，心理會變得越來越弱小。但做宮大工，你沒時間弱小。」

「第一眼看到大樹，心裡都在嘀咕，能不能駕馭好？考驗本領和膽識的時候到了。用廉價木材練手是沒法造就人的。你要下手，用鑿子在木材上鑿出榫卯。一旦依靠自己的膽識做好了，就有了很大的自信。」

從做飯開始的修行

三月第一次來到枥木時開花的樹木，第二次來已經結出小小的果實。小指大小的綠青蛙趴在葉子上，定睛一看居然有好幾隻。我正好趕上午飯時間。十五歲的小徒弟山本正在做飯。山本把超市的塑膠盒裡的肉扔進鍋裡，然而那鍋裡的油還沒熱呢，又丟進了辣白菜。我一直期待，那條挺長的桌子上會有我們的座位，因爲看起來空間挺大的。可是男孩鋪座布團的時候我留心數了一下，顯然沒有這樣打算。昨天剛來見習的孩子坐在小川身邊，其他四個徒弟坐在對面，離小川最遠的是他的兒子量市。每個人一盤豬肉辣白菜，一碗白飯，一杯大麥茶。

下午在大乘寺施工現場，量市悄悄對我說：「一年到頭吃不到幾次好吃的飯。」至於傳說中魔鬼般的訓練，不能看電視、讀書以及消遣娛樂，這些都成了鵤工舍的生活常態。量市是小川唯一繼承手藝的兒子，在一個寺廟現場擔任棟樑。除了結婚成家的人，小川和所有的徒弟都在一起同吃同睡同勞動。只白天來工作，晚上回自己住處的一律不接收。每人有一張比一帖榻榻米稍大一點的床，並排擺放著。匠人一般都起得很早，新徒弟要比他們起得更早，準備早飯，還要準備午飯的便當。所以他們最晚五點就得起來了。晚上從工地回到宿舍，他們又要馬上準備晚飯。

做飯是修行的必經之路。飯錢還要大家平分，做飯的新人也有工資。這裡也有中途退學，又返回來的孩子，雖然此前已經掌握了一定木匠技能，居然還要從做飯開始。這裡是一個現代生活的反面。「電視？」小川量市哈哈笑了起來。這裡有 Wi-Fi，然而信號還不太好。師傅的手機還是老式的掀蓋，我幾乎沒看到徒弟們拿出手機。日本是這樣一個重視效率、強調分工和職業操守的現代社會，但鵤工舍讓人忘記時間。

「看到電視裡大地震的時候，法隆寺沒有發生一絲一毫的動搖。」山本說，這就是他要當木工的理由。山本是小川最小的徒弟，剛入徒三個月。「我想蓋一個比法隆寺還了不起的建築。」這個半大小子口氣不小，「不過現在還遠得很。」山本來到這裡，就是因爲喜歡木頭，既不是因爲木匠是一個能掙錢的工作，也不是羨慕小川的名聲。他瘦削熱情，雙手背後，給我們算買菜錢的時候稀里糊塗非得搬弄手指，表情不好意思卻又坦然。「來之前以爲他是一個神一樣的人物，來了發現他就是個普通人。」我沒想到山本直接當著大家的面說出了對師傅的看法，這與等級森嚴甚至有點古板的宮大工師徒制度有點格格不入。但是看得出來，山本很敬愛小川，年紀上像祖孫一樣，但山本筆直地站在小川的身邊，注意師傅的小動作，說話坦誠直率不做修飾。

「朝東的樹苗，從苗床到山上還要朝東，到了寺廟還要朝東。」機械喜歡什麼樣的木頭？漂亮、乾淨、柔順，好處理。這就像大企業喜歡的員工一樣，太有個性的往往棄之不用。小川和西岡都認爲，現代社會的教育體制，去掉了母親看待孩子的眼光，「在手藝人看來，現代人的生活好像裝在套子裡的人，用的東西、住的房子、穿的衣服、教育孩子的方法、思考問題的方式，都是一模一樣的」。有「癖性」的樹才能長成棟樑之材，用來建寺廟才能經受千年風霜。「讓木頭本身的力量發揮得淋漓盡致。」

「把刨子輕輕往木料上一放，刨子在上面輕輕滑過，刨花輕輕落下，如果你覺得這個動作特別酷，就說明你愛上了這個工作。」唯一一個女弟子告訴我。「感覺」，一種感覺上來了，那種專注是特別舒服和自然的。我到施工現場去做的事，很像五歲的西岡被祖父帶到工地上做的事。即使什麼也不做的小孩子，也可以感受那種氣氛和空氣。來到現場的新人，準備磨工具的水，善後別人做完事的小現場，遞東西。工作的地方「整理整順」，必須乾淨俐落，否則做出來的東西也不漂亮。砍過的木頭和刨花隨時要整理，敢用髒手動別人仔細刨出的木料表面是要挨拳頭的。至於木料，輕的一面一定讓給師傅師兄，自己抬重的，沒人教。沒有人閒坐著無聊和發呆，甚至沒有飛揚的木屑塵土和讓人狂躁的電刨的聲音。無論人還是零件，這個現場正在一點點地走向完成，三年裡日夜辛勞的成果，就要在十一月最後落成了。瓦匠已經鋪設了漂亮的瓦，中間的部分有一個小小的鴿工舍的斑鳩標誌。這種一心一意的氛圍有點高難度外科手術圍觀者或者大考之前看著滿教室唰唰寫字的爽快。

「現在的孩子們都太機靈了，他們知道接下來會出現什麼，也很會隨機應變。

我不喜歡這樣做事。我還是更喜歡明治維新時那種『單純一徹』的精神，無論結果怎樣，只要先行動起來，讓自己動手做起來，我想我是這樣的人。」小川說，「沒有退路的孩子比較容易在我這裡留下來，有其他才能的，面對困難往往都要退縮。」這裡也有建築系大學生來進行長達四年的學習，但小川對他們沒有要求，隨時可以離開。聽說很多孩子的父母因爲孩子學習不好就萌生了當木匠的念頭，想送到小川這裡來學習。可是作爲日本最高等級的木匠，他手下不應該高徒雲集，滿是暗自較勁的師兄弟們嗎？

「『我日後要肩負日本建築的重任』，說這話的是政治家。」來跟他說這種話的年輕人大有人在，申請來學習的人很多，小川偏偏有自己的選擇標準，「手藝人的工作，像牛流口水一樣，慢慢的，不斷的。有宏大理想不是壞事，但是有理想的人往往只爭朝夕，想要實現理想。」他要的是說「我喜歡木頭」的人。「喜歡木頭是很簡單，但是很重要的一個原因。」

在鵤工舍，沒有著急的必要。「也許看上去似乎不必要的這些時間，無論從技術上，還是從人格上，都是培養優秀工匠的必經之路。只有耐住了這麼漫長的時間，當大工程出現在你面前的時候，你才能沉得住氣，才能臨危不懼。」儘管如此，身體和手，聽起來好聽，還是會有徒弟回家過了個盂蘭盆節就離開了。在這裡經過了十年以上磨礪出徒的有六、七十人，很多人獨立作業，也有人放棄了木匠，「有一個做生意的也做得很好。」小川深信，「如果要想培養一個技術和智慧都合格的人，需要很長時間磨練他對事物的感覺，那麼必須要經歷這種慢慢的學徒過程才能做到。」

如果想要瞭解「時間」的話，必須要體驗「忍耐」，從拿著工具到實際操作至少需要三年時間。「這個躍躍欲試的心情，會隨著你手藝變好一點點高漲起來。忍耐不僅是徒弟的事，師傅也得忍。要給他他想要的東西，就先讓他著迷。這個分寸要掌握好，給早了他不能勝任，給晚了他熱情又過了。所以瞄準時機很重要。」「宏大理想是匠人的絆腳石。」小川三夫手下，出徒的標準時間在十年以上。「十年以後你有了手藝，再去實現理想也不遲，而不是先有理想。」「輕描淡寫地給他一根巨大的木材。他已經經過幾年的觀察，知道了三、四百年的木料的價值，也因爲用髒手碰挨過拳頭。」

當年西岡常一突然讓小川擔任法輪寺棟樑的時候，他只有三十一歲。學者們建議西岡採用鋼筋水泥修復法隆寺、藥師寺的一個重大理由是「不是每個時代的工匠都像西岡這樣擁有精湛的手藝」。西岡和小川都認爲，只要「不摻假」的寺廟還在，後人一定能從中領悟到前人的智慧，這就是他們從法隆寺身上學到的。「認爲以後沒有這樣的手藝，對後人是很失禮的。是一種侮辱。」

如果徒弟超過了師傅怎麼辦？小川很認眞地說，師傅西岡常一從未當面表揚過他，但背地裡曾經對別人說過。「匠人對待這類的事情是很固執的。」幹活的時候，就連自己的兒子都看成是敵人和對手。小川三夫接手修復與法隆寺同年代的法輪寺的時候，西岡常一的父親西岡楢光已經快要離世，「他一定是於心不甘的，儘管在形式上我們還是給他掛了總棟樑的名分。」楢光臨終前，小川帶著西岡父子去看已經完工的大殿。

「到了法輪寺，把車停下來，我對他說：『爺爺，法輪寺的塔已經建好了，臨時屋頂也拆掉了。您看看吧。』於是，他慢慢地起身，透過窗戶看過去。棟樑也跟他說：『看到了嗎？看到了嗎？』他低聲地說：『看到了。』但是，當我看他的臉的時候才發現，他的眼睛是緊緊地閉著的。所以他應該什麼都沒看見。還催促著說『快走吧』。」

佛寺建造資金量非常大，而且必須一次到位，才能購買昂貴的木材。對於寺院來說，信任一個宮大工就是百分之百的。「你如果有毛病，就不是八十分，也不是零分，而是負分，徹頭徹尾的失敗。」在法輪寺大修的幾年裡，外面一直掩蓋著腳手架和篷布，直到全部落成。「那天拆的時候正好是傍晚。我專門跑到一個有些距離的地方去看，結果看到塔簷翹得特別厲害，簡直成了飛簷，心說『壞了』，當時就嚇得不行了。」小川用了「切腹自殺」這個最嚴重的詞，來形容當時的心情，一晚上他沒能睡著，輾轉反側直到清晨又去看塔，這次法輪寺卻呈現出特別漂亮的線條，美！這個工程成為小川三夫的立身之本。

「我們幹的事，活著的時候聽不到什麼誇獎。三百年後，我建的藥師寺西塔，和原本樹立千年的東塔一樣高了，那時候我才能對自己說『幹得好』，那顆懸著的心才能眞正放下吧。」只要那裡還有塔，就一定會有瞭解它的人，懷著「從前的人是怎麼造的」的心去研究它。西岡對小川的囑咐是：「我們要把這個時代最好的東西留給後人，隨隨便便建造的東西傳達不了眞正的文化，甚至會把我們已經傳承下來的東西也毀掉。」「想要留住眞正的文化，就要做眞正的好東西。」

第五章

枡野俊明：匠心與禪意

■石庭的境界在於它減到了恰到好處，不能再減了，這種功力是要畢生修行的。

二〇一四年，日本枯山水大師枡野俊明造訪上海環球金融中心，在這棟有垂直花園之稱的商務大樓外製作了一個枯山水，叫作「緣隨庭」。至今這個不大的石壇還靜靜地躺在此樓的邊門外，若不刻意去找，你不會知道這個鋪滿沙礫，似隨意插上幾塊石頭的東西是一位享譽世界的園林設計師的作品。

在日本，這種用白沙、砂石和石組做成的微型景觀叫作「枯山水」，它完全不同於山石、曲廊、池庭的那種中國傳統式江南園林，看起來枯燥怪誕，且常藏於鋼筋水泥的樓叢間，不易被發現。

做工匠的和尚

在常人眼裡，很難說枯山水是美的視覺享受，但在日本，它備受推崇，且爲國民所知。更有意思的是，枯山水一般出自禪門，正如禪宗曹洞宗建功寺第十八代掌門枡野俊明告訴我們的，「做枯山水一定得是僧人，不然是做不好的」。從橫濱的鶴見站下火車，眼前是一番山中之鬧市的景致，濟濟的看板和商店隨著毛細血管般的小岔道慢慢向遠處升高。如果乘坐計程車，那麼在民居簇擁的山道上兜兜轉轉，十分鐘之後，就到了德雄山建功寺。

山門前還是人間煙火的村莊，而沿著石級走入山門後就來到一個綠蔭環繞的清淨世界。寺廟的總接待瑞雲閣就在左手邊，一座現代與古典混融不明的木構帶玻璃的和式建築，其餘的建築都深埋在一片自然的老林裡，不輕易透漏這個廟已有近五百年的歷史。

住持枡野俊明在會客時，一般裹著一身密不透風的褐色僧衣，胸前掛著一片黃色的幡狀的東西，方方正正的，大小如同圍兜，可隨時拿下。這就是他在很多國際交流會及政府活動上出現時的行頭，只有一副金絲框眼鏡洩露出他在日常生活裡停不下來地工作。

枡野俊明既是行遍全球的園林設計師，又是橫濱多摩美術大學的園林設計學教授。小圍兜就是代替袈裟的，在不做法事的時候，他以這種折中的穿法去一些公共場合。但是在做枯山水，也就是他的正職的時候，又會切換到一身「作務衣」的工匠行頭。有時，他也會換上便衣，乘坐JR列車，去一些學校做演講。

這就是一個典型的日本現代僧人的生活，與中國傳統僧人不可同日而語，對他們來說，學佛更強調經世致用。這座曹洞宗寺廟從枡野俊明的上三代開始變爲家族繼承制，「四百五十年前，這裡的習慣還是住持從弟子中挑選繼承者」，繼承者必須改爲住持之姓，以代目的方式秉承香火。明治維新後，日本的僧人世俗化，也可以結婚，所以慢慢在世襲中變爲家廟。

「我們的廟比較小，香客不算很多，所以我可以有時間做別的工作。」枡野俊明常常很謙遜地這麼表達，但其實他是一位不合流俗的高僧，常出席正式的政府場合，與一些一流的藝者同臺，原因就在於他的枯山水作品在國際上有一定地位，甚至有一定文化輸出的意味。

家廟雖然有大有小，建功寺也就一、兩座佛殿，但是住持的聲望在宗教意義上可決定奉納的規模，在世俗意義上又決定了檀家（布施者）的層次。在日本，和尚在宗教事務以外經營自己的事業是一種傳統，坊主職業化（日語裡「坊主」即僧人）之路是從明治維新開始的，像枡野俊明這樣入得廟堂出得廳堂的僧人遍地都是。朝日電視臺兩年前的一部電視劇《朝五晚九》就講了一個寺廟繼承人鬧鬧哄哄的戀愛故事，而東京和京都的「坊主酒吧」也是日本的時髦獵奇地。

京都有一家門面很小的酒吧，據說是眞言宗的光恩寺住持開的，霓虹玻璃的柔光折射中，僧人在櫃檯後甩著搖壺裡的冰塊，一手變出一杯杯名叫「色即是空」、「諸行無常」、「愛欲廣海」的雞尾酒，閒時還會坐上客人的桌子，爲他們疏解煩惱。朝日電視臺有一檔週播的綜藝節目，每期請五十位職業共同體下的人來做眞人秀，和尚們就來過一期。嘻嘻哈哈中，他們的收入、家庭情況被扒得體無完膚，也有人自曝如果在法事中忘詞了會含著舌頭蒙混過去。

見作品如見人，是人給它生命

野俊明從不混跡在娛樂節目中，但他在ＮＨＫ有一檔固定的五分鐘節目，叫作《一日一禪的做法》，教人如何坐禪。在建功寺的網頁上也盡是他的節目預告及書籍廣告，但這些都是他的副業，享譽國際的「日本造園設計事務所」就隱蔽在建功寺的一處庵堂裡。在這裡，看不見世俗與道場的邊界，正如他一身莊嚴森然的行頭，時常在談話中被世俗及隨和的語氣消解，但是在他坐立之間巋然不動的平穩之姿又得道於三十年參禪的內功之深。

枡野俊明的父親枡野信步是建功寺第十七代住持，曾留下遺偈：「除草調清境，是八十七年。惟爲建功盡，信步靜安禪。」他是日本人俗話說的「努力家」，爲了傳承家廟的香火而鞠躬盡瘁一生，家廟如同家業，興盛和衰敗有時，而世俗事業上的成功恰恰是日本僧人守住這份清靜道場的條件之一，正如枡野俊明致力成爲一名「石立僧」（指做枯山水的僧人）。他的枯山水情緣來自於十歲那年在京都龍安寺看到的石庭，石庭作爲日本枯山水的國寶級之作，是日本中小學常規的遊覽景點。

世界園林多種多樣，主要有三大體系，其一的東方體系中以中國園林爲代表，也包括了日本園林。日本園林叫作庭園，平安時代的曲水庭園，鎌倉時代的寢殿造樣式，鎌倉時代初見、興於室町時代的枯山水樣式，桃山時代書院造樣式，江戶時代的迴遊式庭園，以現有的種類劃分，可見的有池泉庭園、枯山水庭園、茶庭庭園。京都歷史上少水多山，以採石擬水的「枯山水」式樣就尤爲典型。

「做加法是容易的，但做枯山水的人一生都在追求怎麼做減法，石庭的境界在於它減到了恰到好處，不能再減了，這種功力是要畢生修行的。見作品如見人，是人給它生命的。」枡野俊明這樣說。他十六歲時，建功寺要重新設計庭園，他的父親請庭園師齋藤勝雄前來，枡野俊明耳濡目染地接觸到了做庭的全過程。後來他入讀玉川大學的農學科，同時師從齋藤勝雄，利用假期學習造園。一九七九年他以僧人身分雲遊至曹洞宗大本山總持寺修行，禪宗美學就這樣和世俗功業水乳不分。

枯山水這一詞最早出現在平安時代藤原時期的造園書《做庭記》中，無池無溪處立石即成，中國禪傳入日本之後成了一種世俗追求中的精神工具，所以枯山水摒棄池泉而用砂石等枯硬、粗糙的恆常元素來作爲意念世界的投射。方寸的石壇間所寄寓的玄遠、寂滅、侘寂在枡野俊明說來與製作人的修行境界有很大關係。

比《做庭記》晚幾年開始造園的僧人夢窗疏石有偈頌詩：「枯山水一塵不染，卻宛若見到高山聳立，無水一滴，但能感覺出飛瀑落下。我總受風之召喚、月的邀請，在這庭園漫遊。」一三三九年，他就任京都臨濟宗天龍寺開山住持時，在寺內營建了方丈庭園，此庭園是傍水迴遊式庭園，水是曹源池，池中有石稱龜島、鶴島，而岸邊坡上也有一組以「水落」、「鯉魚石」組成的「龍門瀑」，無水一滴，卻能感受到飛瀑落下，如何出神入化，全憑石立僧的修行內功。

如今，做庭早已是一種常規的造園設計，枡野覺得它仍然是種映照了內心層次的藝術過程。作庭對於他來說是把自己放在不同空間進行表現的一種精神性很高的設計過程。它不僅僅是追求造型美，而且，被稱為「石立僧」的禪僧是把庭園作為「自己的表現」的場所，並把做庭過程視為每日修行的一部分。「我自己也是一樣，把作品的創造過程視為修行，到現在為止，一點一點積累起來。『庭』在我心中占據了非常重要的地位。」他說。

枡野的著作《日本造園心得》前言說：「禪宗《鏡宗錄》裡有一句，牛飲水成乳，蛇飲水成毒，把空間製造成乳還是毒是造園師切不可掉以輕心的。」所以他常說石頭有心和表情。他製作的「緣隨庭」並不具備一種感官上的形式美或是氣場上的幽致，只是枯寂而單調，並且不能留下腳印，隱約中在那青灰色、石鱗森森的底子上能覺出些日本禪最終極的追求，那就是「餘白」和「間」（留白和間），有的石頭周圍耙出的石紋寓意是水紋，那種缺乏靈動感、枯苦中追索的禪意就是永固在日本禪裡的對無限宇宙、天人合一的映射。

如果說砂石敷沙代表水，石立其間代表山，有的略飾以青苔展現一些柔和作用，那麼最初枯山水的石組都在中國傳統神話典籍中有原型可循，禪宗在日本的發展最終是儒釋道合流。如用石組可擬龜島、鶴島、瀧島，用十六石模擬十六羅漢像，用八石模擬諸葛亮八卦陣，甚至不同形狀的石頭被賦予名字：彌陀三尊、觀音、勢至、夜叉……

然而更多的枯山水是信步而做，如同在三度空間裡揮毫作畫，京都的石庭是以十五塊五、二、三、二、三形制的石組構成的，這些礁島周圍做出風浪拍石所留下的漣漪，在三百三十四平方公尺的矩形空間裡幻化成一幅無垠的瀚海和孤島狀，七百年來被日本人看作不可超越之作。

一般人很難理解這麼簡單的元素所排列組合成的「心像」之作如何稱之爲美，但枡野俊明並不討論那種感官意義上的東西，他說，禪宗象徵著無形的事物，出沒於修行者的心態之間，修行者會嘗試用一些東西代替它來表達自己，只是各有不同。「表現於文字就是一休宗純的漢詩的世界，表現爲二度空間就是雪舟住持的水墨畫，而表現在三度立體空間就是枯山水庭園，庭園和禪宗的意趣是不可分割的。」

修禪是一種生活方式

枡野俊明說：「枯山水本身沒有得失，得失在於人心。」這是一種極爲主觀的說法，自解自悟，不足爲外人道。玄機重重的說法背後，他是一個作品超過百件、三十多年履歷的職業園林匠人。他穿著行腳僧般簡素的作務衣，在各國樓宇間的園林基地上搬弄著石塊，如果業主要求植樹，他就親手修枝剪蔓，修剪到如同茶僧千利休所踐行的那種滿園枯淡，只餘一枝朝顏（牽牛花）的意境。

不同的文化決定了不同業主對日本枯山水各異的看法，而世俗中的石立僧就必須順應不同客戶的要求，但又要著意地堅持自我。所以，枡野俊明認爲從現代實用價值上來看，幾乎沒有特別上乘的枯山水作品。「讀懂現代空間是最難的，業主的要求以及不時變幻的環境可能都是你的障礙物，而石立僧又要致力於在時間和空間上讓作品實現永恆，那就要花太多心思去理解環境和使用它的人，從不能移動的障礙上借勢」。

東京千代田地區的麴町會館，是一座位於富人區的五星級酒店，這裡有枡野俊明在二十世紀九十年代製作的城市枯山水典範「青山綠水庭」，外形狹長，夾在咖啡座和另一個會館之間，山石疊嶂嶙峋，依級擺布在樓群的縫隙間，出於節水的原因，原先設計的小瀑布已經乾涸，但山石間松柏成蔭，在石級上撐出一片蔥蘢的綠障。在日本，雖然此庭已失卻傳統意義上之枯，但仍被視作枯山水向城市邁進的座標作品。

枡野俊明的追求是減到不能再減，但又如禪師夢窗漱石所言，「以自然爲首，萬事皆爲本分」，是道法自然中體現日本禪的極簡原理，參悟透的方法只能是日復一日的修行。在十三世紀時，禪宗經由日僧明庵榮西從中國傳至日本，之後曹洞宗將其不立文字、教外別傳的傳統繼承下來。

作爲禪宗精神的具型化，花道和茶道的美學意向都始自禪宗，正如二十世紀將日本禪介紹到美國的禪宗研究大師鈴木大拙所言，「一在萬之中，萬在一之中」，裁減一切冗餘，留一花觀一世界，就足夠充盈一方美學空間。「大地白茫茫一片眞乾淨」裡的空性大概不是它的眞意，但「間」與「餘白」時常出現在枡野俊明的言辭裡。

枡野俊明常在論壇上教人坐禪，回答一些問題，「教學內容在教學本身之外，同樣，言說的眞意在言說之外」（言葉の外に）。如今在日本，三、四十歲的年輕人中興起一股坐禪的潮流。建功寺每週日早晨七點開始的坐禪會，都會來很多新人，禪宗寺廟就是人間道場，如社會團體般吸納著很多慕名而來者。枡野俊明在忙碌之餘，出版了大量的坐禪教材，如最新版的《一日一禪》，大致都是些開解現代人壓力的雞湯文字，不厭其煩地說著「心靈之豐富」的重要。

枡野俊明在媒體上推介一種椅子坐禪法，他說是照顧老年人坐在榻榻米上身體不便而折中的辦法。在Youtube上的一則近二十分鐘的椅子坐禪影片裡，他親身示範，先是左右微晃身體，再在中間落定，放下下巴，氣沉丹田，攝影機對著靜止的他一共拍了十五分鐘。

枡野俊明宣揚把修禪作爲一種生活方式，「你可以像僧人一樣呼吸禪」，他在新書裡寫，「禪的規則也從日常中起降筷子的方式來體現」。枡野俊明傳授著一套套平易世俗的「雞湯」修行法，禪宗道場與人間社會不存在森嚴的界限，還反過來爲人間服務，所以他的書裡也教人怎麼以坐禪養生，甚至還試圖爲勾心鬥角的職場人士減壓。

儒道神合一的禪宗倫理

每天早晨，枡野俊明在四點十五分起床，第一件事是來到主殿上，打開所有排窗格扇，用撣子一一爲佛像清掃，再坐禪二十分鐘。他太忙了，原本四十五分鐘的坐禪時間只能縮短。五時，東方既白，其餘僧人從附近的住所過來上班，繼續清掃殿堂，直到枡野俊明在七點從寢殿吃了早飯出來，然後開始工作。

他們的工作場所包括了後山一大片比寺廟本身更大的墓地，在那裡，「永代供養墓」的料金是經營寺廟的收入之一。當然，枡野俊明會經常泡在造園設計所的工作室裡，趴在地上設計圖紙，或去京都嵐山附近的山越地區的一個「植藤造園」的株式會社挑選石材，有時候半路上能看見山上滾落的石頭，他便欣喜地下車甄別，用他的話來說是「和石頭交談」。

日本老百姓也對和尚的私生活報以濃厚的興趣，有些日本人在網路社區上熱衷於探討枡野俊明是否結婚。雖然和尚能結婚在日本是眾所周知的，但枡野俊明作爲名僧，小心謹愼地游離在禪宗道場與名利場之間。

他認爲，最重要的是去除所有不必要有的欲念，但是說到基本的飲食男女，他與常人無異，結婚生子，有三個孩子，一家人住在主殿邊的一座寢殿裡。作爲家中唯一的佛門中人，他的起居和生活作息就有些繁縟了。「他們必須包容家裡有一個僧人，但是生活在一個僧人的家庭中，耳濡目染中就會習慣了。」

枡野俊明小時候很頑皮，但一旦回家踏進正進行著莊嚴法事的佛殿，就立即「進入狀態」了，和母親一樣幫著父親張羅布置法器，每逢一年春秋兩次的彼岸節（如中國的清明節）和七月的盂蘭盆節，盛大的念誦超度儀式非常需要人手。香客及檀家見到他，總會摸摸他的頭，讚許地說：「你將來要繼承父業，做住持的。」

在日本，很多家廟因為家業不興而凋敗，也可能是因血緣不繼，或是經營慘澹而無法支付給職業僧人工資。在建功寺，算上枡野俊明，一共有五個僧人，其餘人皆為雜工，他們一般在橫濱曹洞宗大本山總持寺裡接受一到五年的「最高教育」，再自投師門，選擇同宗的廟門謀生，猶如畢業應聘，這在日本叫作雲水修行（「雲水」就是指雲遊）。十七世紀，禪僧鈴木正三以「眾生為佛」的理論為出發點，將現世職業視為「佛行」，並將商業視為「無漏之善根」。

這很容易讓人聯想到西方世界宗教改革後資本主義與新教倫理的關係，不僅是擁有八百萬信眾的曹洞宗，日本的佛教世俗化也是從明治維新一路走來的。如果把日本文化比喻為一棵樹，則神道教為根，佛教為枝幹，儒教為葉。其實，禪宗在傳入日本之始，就與當時的武士階層捆綁在一起，成爲一種忍者的意志，在封建割據時代發揮了頗多務實的作用。

鈴木大拙在其書《禪與日本文化》中寫道：「禪首先是一種革命精神的鼓吹者，同時它也含有使人成爲急進的叛逆者或頑固的守舊派的勢力，當危機來臨，禪就顯示出自身的鋒銳，而成爲打破現狀的革新力……雖然禪宗不只是依靠意志力，其最終要依靠直覺達到目的，但對於武士來說意志力仍然是至關重要的。」

眞正的武士，就其本質上來說是一個苦行者，禪就在他們需要的時候，以行動力和直覺授予一種強烈的執行意志。禪宗在中國勃興於隋唐，在南宋時傳入日本，正應了當時鎌倉時代幕府政治肇始的契機，成爲一股革新之力。一、兩百年後，禪宗臨濟宗的名僧一休宗純更是以其放浪形骸，將禪文化播撒到閭裡街巷，不穿袈裟的他遊蕩於江湖俗世，擅寫表露愛欲的漢詩，如「鸞輿盲女暫春遊，鬱鬱胸襟好慰愁。任憑眾生輕賤事，愛看森女美風流」。十五世紀的禪宗在一休的行踐中，具有了一種與欲念妥協的世俗親和力。

禪宗美學的日常修練

從鶴見ＪＲ車站一直沿著坡道走，就是枡野俊明曾修行過五年的曹洞宗大本山總持寺。鐵路橋下有些墓碑廠，醒目地打著各種石料廣告，路邊的隔離欄下閑寂地放著幾個石俑，都是憨態可掬的和尚樣人偶，如此可愛的模樣讓人忘卻空門之清規戒律，事實上許多禪廟會將宗教故事做成動漫繪本，在廟裡出售。

在總持寺這樣的大本山，根本不見香火，它就像一座曹洞宗的最高學府，在一座寬闊的寄棟造中，油漆的地板鋥亮明淨，廣廈兩邊都是玻璃窗口，僧人在布滿電腦的長桌前穿行，那辦公情形猶如移動呼叫臺。

這一切都讓人感到，禪宗在日本也是一種人間的事業，以一支龐大的社會團體的形式運轉著，更有意思的是，總持寺在百年前就捐建了一座綜合大學，叫鶴見大學，坐落在寺廟前高高低低的臺階上。作爲擁有佛教底色的綜合大學，其高中部學生在一年級時，都會被安排去寺裡觀看盂蘭盆節舉行的一種日語裡叫「精靈會」的法會，這也算是這座宗門大學的特色體驗。

嚴格說來，總持寺並非燒香拜佛之地，而是一個教曹洞宗僧人學科理論和日常修禪方式的最高學府，還教授吃飯順序、敲木魚、法事儀軌等技能。一些並不致力於取得正式廟堂職務的雲水僧，在此修行得差不多了，便辭師下山，找個寺院入職，或另謀生路。

鶴見大學曹洞宗非常勤講師尾﨑正善認爲：「禪宗對日本文化的影響，如今已經是集體無意識了，日本人不會刻意說禪，但禪卻滲透進了他們生活的方方面面，比如日語裡的問候一詞（あいさつ），始自禪宗的『挨拶』，是問與答的意思，需要互相回應，只是後來演變成寒暄。」日本人在極簡的生活美學觀念浸潤下，卻執行了不厭其煩的人際交往方式。

在鶴見大學的幾百公尺之外，蘋果公司建立了亞洲第一所ＡＩ研究中心，橫濱觀光局的青木思生說：「聽說賈伯斯在生前曾經來過總持寺，雖然沒有報導，但是蘋果把研究所建在這裡，看起來是要紀念什麼。美國人總看我們這個新鮮那個新鮮，但實際上我們從來不刻意追求禪。」

在《禪與日本文化》裡，鈴木大拙用傳統畫裡的一角式和減筆體闡述禪宗的美學觀，這在當今與日本人生活美學合流爲一。「這兩者都和禪的精神吻合，漣漪微起的水面上，獨自漂蕩著一葉漁舟，這一葉小舟無依無靠，它構造原始，沒有穩定的機械裝置……但是這種極端的無依無靠，才體現出一葉漁舟的美德……在這多樣化的精神世界裡，我們最推崇的是先驗的孤絕，在日本文化用語詞典中叫作閑寂，它的眞正意義是貧困。」

所以，十四世紀的一休宗純將禪宗精神傳播遠揚，和他同代的能劇作家世阿彌將「銀碗底盛雪」這句禪偈來比喻能劇裡一個靜止動作的奧妙。禪師村田珠光也是在同時代開創了茶道中的侘茶（わび茶）之流，吸收了一休所謂的「佛法茶中有」，有意將日本茶道引至草庵孤爐邊，在兩、三疊榻榻米上把玩「謹敬清寂」四味。鈴木大拙指的「貧困」是一種精神上對於貧的接納和體味，對於如今大多是中產階級的日本禪僧來講，參禪的意義就在於此。

八月的東京，颱風和淫雨相繼造訪，建功寺的主殿正在擴建中，它將按照宋制寺廟，不用軸承和釘子，建成一倍的深，所以此刻香火極少。枡野俊明說，他一直在追求摒棄基本欲念以外的欲念，否則見枯山水作品如見人，就顯得俗氣。

在建功寺的網站首頁，掛著枡野俊明的「住持挨拶」，寫道：「最近，蟬的種類發生了很大變化，我早晨在山門內行走，被風刮下的落蟬密集如雨，我輕輕地把它們撿起放在籮筐中，以免被人踩踏……」一種無所住無所不住的閑寂從網頁上傳來。

第六章

川瀨敏郎：立花・修心・求眞

■素就是添一分則嫌多、減一分則嫌少的極致之美。

初識川瀨敏郎的名字是在上海的一個茶道老師的茶室中，他的《四季花傳書》被作為布景擺在中式的博古架上。茶是中國的茶道，這本摻和了日本禪宗以及千利休茶禪思想的書，置於中國茶道現在大興的綾羅綢緞做的茶席邊，更顯得侘寂。

川瀨敏郎身在日本，雖然他的《四季花傳書》、《一日一花》已經在中國出版，但是他見到我的時候還是表示常心有戚戚，不知道中國人是否能接受他書裡的「侘び寂び」，因為這個詞真正蘊含的況味是一種「陋」。

四季皆美

川瀨敏郎，與其說是一個鼎鼎大名的插花師，不如說他就是個護花、懂花的癡人。網路上稱他為「花人」，將他與一般嚴格傳承的花道師劃分開來，年近七十還精瘦健朗，獨門獨派讓他看起來散淡，卻無時不妙語連珠。四樓天臺是他的樂園，一旦鑽進那一片欣欣的綠意中，這位帶著泥土氣的智者就和屋頂花園融為一體了。在中國，網上對他的介紹是「自然野趣流」的開創者，但他頻頻表示自己不屬於任何流派，也沒有著意去開創流派。「可能是因為三十年前歐洲人看了我的花道覺得頗有意思，讓人聯想起自然和原野？」

四樓的天臺上，齊人高的萩草如同爬山虎的鱗葉，在風中傾瀉著長莖，花園裡到處是蕪蔓的綠條，沾上些許秋的枯色；一種叫作「鬼燈」的酸漿果形如聖女果，已經褪去了橙紅的皮囊，露出乾乾的纖維；野菊是玲瓏似拇指大小的，孑立在瘋長的野草邊幾乎不被發現；還有一種「見返草」，葉子上綴滿蟲洞，有的都已被噬得成網狀了，川瀨敏郎卻愛不釋手，他說：「自然有春夏秋冬，人有生老病死，爲什麼要去除這些葉子呢？」

對於自然造就的榮與枯，川瀨敏郎認爲應該照單全收。

這個花園裡有枯榮，有萌芽和荒穢，是川瀨敏郎的主要取材處。他需要季節的輪迴、自然的雨露在植物上體現，所以這片花園對他來說就是自然的縮影。老闆的那些賣不完的花就放在天臺上，久之就長成了如今的野樣，等著有心人來摘取。老闆不會爲他特意留著好花好枝，對於日式花道來說，單朵盛開的花其實是「末」，川瀨敏郎不在乎其本身的鮮活美觀。

他認爲，去歐洲講日式花道是困難的，對於愛濃豔豐潤以及形態美的歐洲人來說，怎麼向他們解釋日本花道裡的那種侘寂、枯淡？川瀨敏郎玩笑道，在中國人和歐洲人面前，他只講配比和造型上的要領。

牆角小瓦壇裡只剩蓮葉，花去了庫房，只見一束束木屑色的乾蓮花倒紮在屋頂，乍看如紙花，去歲摘下的花苞就這樣風乾待用。還有枯成絳紫色的蓮蓬，裡邊有未取的蓮心，川瀨拿起一支倚在牆上，襯著一、兩片水中新撈的荷葉，幻化成不同的造型。花萼兩、三公分處有道折痕，蓮蓬在四十五度處垂腦的樣子是最可愛的，他如擎著一根鋼絲般擎著荷的硬稈子，在牆上轉來轉去，讓人突然想到很多日本文學作品裡愛用「姿」字。《源氏物語》裡借花喻人，「若用花比，可謂櫻花，然比櫻花優美有加，這姿容的確殊異」；東山魁夷在《與風景對話》裡，將「姿」與一條路聯繫，「如今這條路的姿影果真一見如故嗎」。

永遠無法完成的作品

在玉川高島屋的四樓文化中心，川瀨敏郎有一個專屬的講座室。打開一面牆上的壁櫃門，可見裡面一摞摞的木匣子，他收集的兩百個古花器就一個個裝在木匣裡。其中有千年前的「唐物」，如白頭宮女沉睡在深深的時光裡，一時間通通醒來，喧噪著舊年的低吟。這些器具可供學生在課上自選而用，只是不賣。川瀨敏郎是個愛尋舊貨的人，在日本尋到千年舊物並不是稀奇事，有些東西世代傳下來都能說出個準確源頭。他有些像沉浸在自己那本經裡的傳道人，對照相有嚴格的要求，比如不能在他離開的時候單獨拍花，因爲作品還沒有完成。「永遠沒有一個作品是完成的，因爲自然是在不停流轉著的。」

川瀨敏郎生於京都，家裡是池坊花道的御用花商，從小就接觸了這種最古老的體系，卻從未入門。在日本花道界，宗派林立，等級森嚴，還各占山頭，彼此不相往來。川瀨敏郎四歲起就愛擺弄花草，那時池坊的老師來花店見到他的作品，總是滿口讚歎。在《四季花傳書》中，他提起與花的宿緣，那時京都北野天滿宮的御用祭祀花種是油菜花，每年二月二十五日菅原道眞的忌日上，神道祭司們頭戴的禮帽上綴滿油菜花，滿目澄黃，舞於空中，一種報春的幸福感自然而然地植入少年的記憶。

川瀨敏郎畢業自日本大學藝術系，初學戲劇，後來在巴黎大學學了電影，回國後卻潛心研究起花道來，並當了個自由派，不拜師門也不自立門戶。三十五年前，著名的能劇女伶白洲正子為了寫書而遍訪日本花道、茶道上的各派，找到川瀨敏郎時，驚為天才花人。那時一些愛花人從全國各地趕來向他討教，他漸漸開起了自己的班。如今他的工作是每週教三天課，其餘時間就用來創作和寫文章，和他的御用攝影師一起出書。

川瀨敏郎真正在國際上嶄露頭角是在二〇一一年東日本大地震後，那時他有了個「一日做一花」的創意，歷經三百六十六天，集結成《一日一花》。與各個已成型的流派不同，他依據時令，到山野尋找最當令的花葉，融入花器中。使日本人眼前一亮的是，他的花多使用單枝，再加寥寥幾葉陪襯。花器是古拙質樸的，越體現歷史滄桑就越為他所愛，既有二十世紀的玻璃細瓶，也有室町時代的金銅亞字形花瓶，還有希臘陶器。

孤花配拙器，一種日本人集體無意識中的古侘和寂寥盈滿陋室，頗得現代人喜歡。《源氏物語》中光源氏說的「佳人孑然無依，更加惹人憐愛」，就是他追求的境界。川瀨敏郎說：「也就是東日本地震後，我開始更深地思考花和人生的關係。岩手縣幾萬棵松被摧毀，許多古老植被蕩然無存，但這些年在災難現場慢慢長出了些新的野花野草，我想用足跡探訪這些新生命，記錄些微妙的物候特徵。」

他與池坊的區別是，池坊講規範，把有生靈的花嵌於千百年形成的條條框框裡，主枝與副枝，各自的空間關係和花器的胖瘦長短，都有煩瑣的套用模式。川瀨敏郎幾乎不講這些，他講自然、哲理、日本傳統文化或佛教，所以慕名而來的人很多。跟極其講究器物和造型的池坊、小原、草月流等花道比起來，川瀨花道更洋溢著自然主義的生命氣息，更讓人體會到一種得魚忘筌的情趣。

川瀨敏郎全套畫冊叫作《青花》，每部只印了一千五百冊，都在同道人中流傳，其中一幅照片體現了他最鮮明的風格特徵。只見一隻破敝的黑色皮鞋做器，鞋口上插著一支耷拉的紫褐色蓮蓬。這是他在大地震後完成的第一個作品，鞋是從地震現場的泥濘裡找回的。「我當時的心情，也是整個國家在當時的心境寫照。」他用一種含著大悲的神態描摹著語言無法表達的心情。

所以，比起花道師身分，川瀨敏郎更想以生命思考者的身分，與人交談花道，強調人與自然的關係。「花和人都是自由的生命，材料、數量都不是關鍵。日本人喜歡講集體主義，無法離開一致的東西，但我想宣導個人意識裡的『個』，生命是自由發展的，我想把作品變成我一生中意識流變的投射。只是遵循的自然規律都是一致的，所以流派之別是表像，背後的精神應是不變的。」

川瀨敏郎的隨筆集《四季花傳書》在中國發行，那是他十年前在《藝術新潮》連載的單篇彙編，花照樣是些鳥啄蟲蛀、風雨侵蝕、瀕臨枯萎等生死隨緣之花。他用了更自由的「投入花」的形式：「日本從古至今一直是一個未經人工雕琢的自然之邦，崇尚素之美的心情大概也源於此吧。在這樣花草環繞的生活中所衍生出的『投入花』便是『素之花』，即不添加任何人爲因素，展現草木花自然姿態的插花。」他的前言這麼寫道。

他說，素就是添一分則嫌多、減一分則嫌少的極致之美。

花道＝個體・自然・社會

立花是池坊的代表花型，在室町時代，立花是作爲書院壁龕的裝飾花而產生的樣式，是插花（Ikebana）的原型。室町時代流行「書院造」建築，普通人家的和屋牆角開始有了「押板」（日本人今稱「床之間」），是一塊比地面高出一階的凹間，可掛條幅或者立以花瓶，當時女子效仿宮廷及廟宇的供花，在狹窄的押板上立花，逐漸成風。

「立」字講究把花固定，如今是用木塞、海綿、木格各種小工具，意在讓花挺立。川瀨敏郎將挺立之花解釋爲「有芯」：「萬物生靈皆有主心骨，你從中間不偏不倚地插下去，筆直之態代表陽，一種不會錯的眞理。但投入花可代表陰，你將花枝隨意投入盛水的器皿，讓它以本身之形墜落於器口，沒有被賦予人爲意志。在我看來『立』是公，『投入』是私。」他用花型來比喻日本傳統文化中的個體與自然及社會的共處關係，所以立花如同社會倫理、道德一元論，而投入花就是一種對私性的追求。

川瀨敏郎早年做投入花，現在他希望探求立花，他說「立」是很難解釋的，是人的立身之根本，也是宇宙運行的基本準則，「萬物從始點到終點都循環往復在一個『立』字裡，『立』就是大道，至簡」。有人問他，是否因為立的探索之難，所以立花比投入花難做，他卻回答：「即使是投入，也要把無形中的那個『芯』時時掛念在心裡。」有一幅他做於京都大德寺草庵裡的作品，他特意選擇茅草和土坯混砌的炭黑牆面做布景，上面掛著一隻褐漆鋥亮的竹筒，口上倚著一片竹葉，旁邊撐著幾乎看不見的細細小莖。

「這就是千宗旦（千利休之孫）用過的竹筒，我還原了千利休所崇尚的一種風格。雖然你看到的不是立起來的，但是在我心裡它是有『芯』的。在日本，這就叫侘，在中國也許人們根本不會注意，或者認為是窮鄉僻壤裡的東西。」他說。

立花與投入花的產生其實相差不過一個世紀。立花的嚴謹之風，源於池坊花道裡的佛教、天人合一及神道教的融合。池坊之名來自京都三條通上的頂法寺的一個池子，寺廟的本堂六角堂看起來如同涼亭，卻是聖德太子給當時的隋唐使小野妹子造的，讓他潛心編纂帶回的佛典，並日日以花禮佛，侍佛者當時稱作「專務」，所以後來池坊花道的家元都以「專」字輩傳承，如十六世紀初確立了池坊花道的池坊專應，以後代代本家都是僧人。

日本人將插花又稱爲「五景花」，因爲插花本身便具有五體：陰、陽、天、地、人，加之五景花又有五格：正花、令、通用、體、留，所以插花的役枝與副枝講究點、線、面的呼應，不能錯置，其中也有「諸佛列坐」的意思。

後來，第四十五代家元池坊專好提出一種「風興」的概念，認爲「看到風吹搖曳的菊花，會情不自禁隨著菊花擺動的意念；看到秋天太陽映照在窗上的竹簾，會自然生有涼意之感」。所以，風致始終是日本花道裡一種無言之精髓，花道在日文裡叫「華道」（kadou），也叫「生花」（ikebana），生花講究的是擷取自然物，使之在壁龕中仍顯出生靈。

心中有一把尺

在高島屋文化中心，川瀨敏郎每週都有三、四個講座，慕名而來的甚至有中國的留學生。在課前，學生們就在當地採好應時應景的野花，從日本的各個地區乘電車來上課。大家從壁匣裡挑出自己喜愛的一款器皿，就那樣開始創作。他從不規定學生應該帶什麼花，對他來說，長在身邊的就是最適合的素材，一個作品完成後，他會告訴學生高低優劣。

川瀨敏郎也不允許學生在課上拍攝他的示範作品，彷彿那會打擾一個正在進行的生命過程，一股淋漓的自然生靈之氣在他利索的指尖流淌，最終如何定格卻無從判斷，彷彿靈魂自己會定型並依託在一個特定的形式上。川瀨敏郎在課堂上用他的那個中國宋朝時期的唐物籠示範做一個作品，他選用野菊、芒草、青葛藤和山芍藥的果實來做素材。只見他把葛藤鋪於籠口打底，在一團簇擁的巴掌似的葉片上，來回無數次地插入、取出和調配素材，七、八根花梗被演繹了足有半個小時，他不斷地思索和放棄，最終做出一個不能再修飾哪怕多一步的形態。

「這籠子裡的花，我們把它從自然挪到這裡，一個好的作品要使你聯想到它在大自然中就是這樣的生態和結構關係。」川瀨敏郎這麼解釋。他在課堂上對學生很嚴，甚至有中國學生覺得他好難取悅，因爲插來插去都沒得到他的讚許。

川瀨敏郎的插花之道沒有古法可依循，每個人都只能不斷地摸索和修練，才能臻於完美純熟，而在他心中是有一把尺的，那就是正確地演繹出植物在自然中各自的身姿。「日本花道並不在於看花，而在於花裡的世界觀，這是它和西方插花最大的區別，對我們來說，插花只是花道中的一部分。」

在《四季花傳書》裡，川瀨敏郎寫道，哪怕是一簇油菜花，花器的選擇也有講究，比如用玻璃器皿盛水八、九分，投入油菜花，可在迎客時顯出親和力。但用竹編、草編的籃就不太合適，顯得如菜市場裡一抓一把的輕賤。「竹籠適合野菊，但稍有不慎，就會插成一個粗野的農村姑娘，最好能用朝鮮李朝白瓷那種有年代感，未加修飾的器皿……」

日本傳統插花中通常將棉花比作雪，與一品紅、薔薇搭配以慶祝聖誕，但川瀨敏郎認爲棉花要單插。在他的世界觀裡，有一種不以微渺而不屑的萬物平等的價值取向，那種以高貴和價格來區分優劣的取材方法對他來說根本不存在。他喜歡用棉花來做插花，作家柳田國男也寫道，棉花是種「嶄新的幸福」，川瀨敏郎也喜歡棉花體現出來的那種可喜的精神。雖然中國也是棉花與水稻之邦，並引以爲傲，卻不將其本身視作一種美的情趣來玩味。

也許物哀的背面也有物喜，不愛抽象思維的日本人，寄情於秋之末毫、春之初芽，這些都是極日常的把玩之物。奈良時代的《萬葉集》，已經有插花於頭上，甚至是船上的記載，雖然與八百年後的花道沒有關係，卻可見與花爲伴的世俗之樂：「春花摘來插頭上，秋葉摘來插頭上。」「藤花插上船，游浦又遊灣，群眾不知此，爭言是海帆。」「春柳若青絲，折來頭上放，梅花摘下來，浮在酒杯上。」最美的詠花詩句都在同時代清少納言的《枕草子》裡，其中一章《清涼殿的春天》，有一幅無比繁華的春日圖景，繪著荒漠景色的障子裡，女官在弘徽殿上，欄杆邊是個青瓷花瓶，「上面插著許多開得非常好的櫻花，有五尺多長，花朵一直開到欄杆外面來」。

古典時代的日本文學裡繁花漫天的華美景象，到禪宗傳入日本後，有了根本的美學上的轉化。將「侘寂」的基因植入禪宗和後世的日本文化的功臣裡，人們會本能地提起千利休。自古以來日本人所欣賞的朝顏花姿，應該如畫師狩野山樂、狩野山雪所描繪的妙心寺天球院的隔扇畫般，在圍牆上爭相競放，直到千利休給豐臣秀吉展示了一支朝顏後，日本人的審美大爲改變。那個著名的典故，就是千利休爲表待客之道，將滿園朝顏盡毀，只留了一支，插在茶室土陶碗中，獨自芬芳。

他的孫子千宗旦的一則傳說更是侘寂美學的完美註腳，京都某寺的住持命小沙彌給宗旦送一支新開的椿樹花，只是此花飄零之快讓人不暇，小和尚一路送到宗旦那裡時，只剩下一空枝和一掌落花，小和尚十分惶恐。宗旦卻獨惜此空枝，將它珍重地供在千利休傳下的護城寺花筒裡。

《萬葉集》中繼胡枝子、梅、菊之後，歌詠最多的是芒草，例如：「秋野美草徒手割，鋪屋遮頂居其中，宇治行宮小茅舍，今夜無眠思念中。」這種漫山遍野的廉價之草從古之茅屋流行開來，到現代社會花道之取材，都可見日本人對它毫不猶豫的親和感。川瀨敏郎認爲，日本人的侘寂美學是世界範圍內獨特的，至今也未改變，在看似熱鬧實則冷清的現代社會裡，甚至有更多的發展。

川瀨敏郎很喜歡一個故事，一個世紀前日本國文學家折口信夫曾經這樣描繪雪，他沒有寫它的白，「而是把一捧雪焐在手裡，看著雪水從指縫裡流出來，直到手攤開空無一物，卻留一種冷清冰潔之感在手心，在花道裡，我講美的時候總講這個雪。」

第七章

隈研吾：把道教無爲的思想建築化

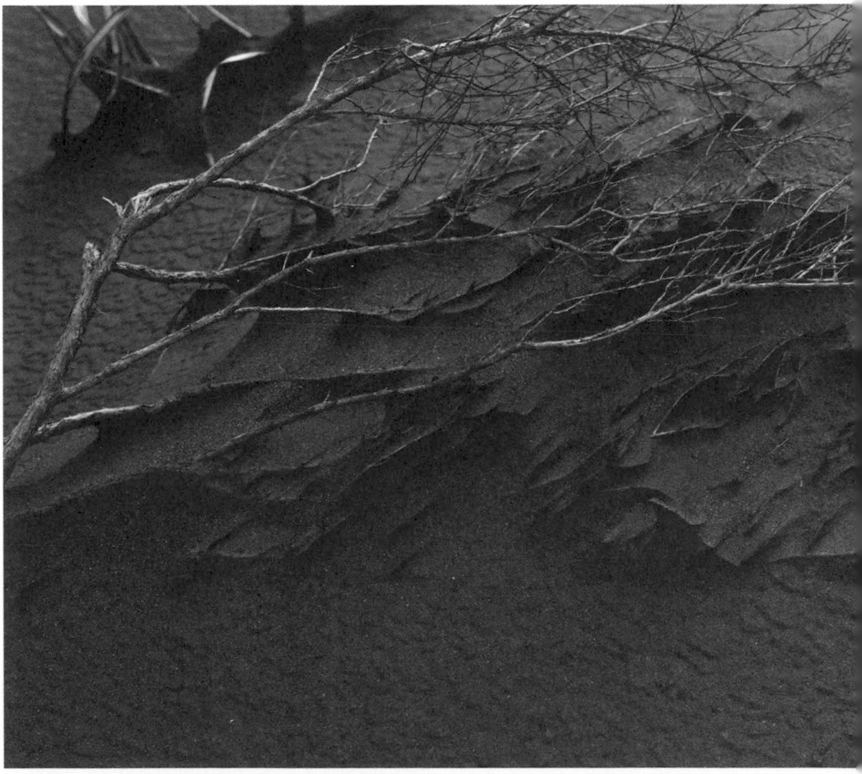

■ 對建築的追求不是爲了看著好看，而是人經過體驗，感覺到住著舒服。

隈研吾用「fuwafuwa」這個不好解釋的童語擬聲詞來形容二〇二〇年東京奧運會的主場館設計的感覺。「豆腐？不，接近柔而空的雲朵。」這是他站在設計原點想出來的感覺。

從來擔負國家形象的地標式體育場館都是龐然大物和天外來客，但隈研吾想去掉硬和冷。「正是因為在競賽之中保持著高度激情和競爭感，我才更希望人的心能夠變得平和與溫柔。」他對於「鬆弛」、「輕盈」的表述，令人想起博爾特的話：「跑得越輕鬆才能越快。」

透過建築觀察人性

「當你從第一層看去，會看見層層相疊的木製屋簷。這個意象和你抬頭望法隆寺的五層寶塔是一樣的。」法隆寺是傳統的經典建築，但是傳統爲現代設計提供了很多靈感，這就成爲了從傳承到創新的突破點。以法隆寺爲設計概念的東京奧運會方案，已經成了隈研吾最新的代表作品。位於青山的工作室樓下一片建築師常見的堆積圖紙、資料和模型，照亮每個角落的白色螢光燈，打印紙的味道、傳眞機的聲音，沒有絲毫裝飾和造作，這裡倒像個大學研究室。緊張的工作進行到了晚上十點後，遠望東京最繁華的夜景也漸漸暗淡下去。玻璃辦公室樓下，是他爲寺廟所設計的一條竹之路，低頭可見寺廟裡古老的墓地裡墓碑密集，融入日本時尚與設計中心。

自從知道了隈研吾生長於「里山」，我就好奇，在無路的樹林裡探險的兒童生涯對他到底有多大的影響？一邊是隈研吾在中國的專案越來越多，不斷推陳出新，一邊是他登上了東京奧運主場設計師的寶座，不斷受到各方壓力，將當今日本超少子化、老齡化的時代特點，放進日本本土「木構造」當中，下沉，低建造成本，高維修費用。儘管還只是一張設計圖紙，掀起波瀾的卻是他本人多年來奉行的「負」的哲學。

在見到隈研吾之前，我請朋友驅車，去了一趟那珂川廣重美術館。廣重美術館地處栃木那珂川的深山裡，若非專車前去難以到達。我試著順美術館周圍的有著筆直大側柏的路往裡走了走，發現一座看不見人跡的神社，供奉著看上去像幾個家族的牌位，外面還有一堆紀念大地震海嘯喪生者的牌位，寂靜極了。

美術館的木質欄框顏色早已褪得和側柏樹幹差不多了，但是最大的感受卻是裡面的光線，建築框架不控制人的視線。肉眼就能感受到一種柔和的變化，雲和山在建築周圍繚繞，竹林蕭蕭，砂石的場地正在被維護人員用膠鞋踏平。隈研吾剛剛得到了一個安徒生紀念館的設計獎項，北歐人甚至寄望於這位世界級日本設計師的建築，提升整個小鎮的旅遊和文化地位。而在那個深山裡讓他一舉沖上世界舞臺拿到大獎的寂靜美術館裡，卻沒有一絲欲望的痕跡。

說起我們已經拜訪了廣重美術館，隈研吾兩眼發光。那是他在東京遭受打擊、沉寂十年以後，一舉翻身的作品。很多人和我一樣，都有一種難以名狀的喜歡。「你們可以看到，那是我第一次用本土的材料做本土的建築。無論屋頂還是牆壁。」

「栃木的里山裡的木頭，自古以來就是日本最好的建築材料。」正是這段被放逐的經歷，使他從建築學專業的思維裡跳了出來。栃木的群山是日本最重要的木材產地之一，民風古樸，手藝人眾多。我們採訪的宮大工小川三夫就扎根在栃木，兩人也是老友，偏僻卻聲名在外的美術館和寶積寺車站，都在栃木。「栃木的里山，溫度、濕度都處於一個比較穩定的狀態，所以在那珂川，我開始用本地材料。」

「我出生在東京的門戶橫濱，一個叫大倉山的地方。五十年代的里山，和我們的生活關係遠遠比今天密切。」似乎有種默契，隈研吾一下子就提到了「里山」這個詞。里山是日本特有的一個地理上的稱謂。隈研吾的出生地，東京邊上的橫濱，現在已經是東京郊區最時髦和繁華的地帶，當年他外公用一塊買來的地給女兒女婿修建房屋，那時是自然的甚至荒蕪的地點。城市和農村如今已然被「郊區化」統一了風景，然而那時的里山卻有生命力的迴圈。

「里，日語裡有故鄉的意思，里山的意思就是，我們村子裡的山。里山有豎空間與橫空間，森林有自己的循環系統。」他自稱有賴於從小得到大自然的恩惠。

「作爲小孩子，我能非常親密地接觸到自然。放學以後，我很自然就和同學先去里山，玩耍之後再回家。春天我就去採竹筍，那裡還有條河，河裡還有螃蟹，我也去抓。」他印象深刻的是一對山民的小姊妹「純子」鄰居，不僅養了山羊，和式老屋子地板之下還養著一條綠色的蛇「青大匠」，他一直被那樣淳樸的生活感染。「春天有春天的味道，秋天的味道最濃。」山裡長大的孩子隈研吾，至今仍然用里山來形容他認識的世界。

建築那珂川美術館是他第一次想起小時候的感覺，「能不能把我小時候的感受，引入建築裡？」兒時山裡的洞穴裡有一個深池，「純子」在那裡釣起來的龍蝦顏色也更深。「到現在洞穴也是我的一大主題。」廣重美術館山下集聚村落，山中主街垂直伸向里山神社的參道，參道盡頭是神社和里山。美術館設計得有如洞穴，可以遙望不遠處的神社。隈研吾覺得，日本人不是遊牧民族，而是像樹木一樣活著。「樹透過木質構造來製作屬於自己的印跡，用枝條支撐自己的活動。就好像人發推特寫日記，我的建築，是抱著留下印跡的願望產生的。」

「人是靠印跡完成自我的。建築也好，我也好，都是場所的產物。」美術館的建造時間是二〇〇三年。「木匠們有很多我作爲建築師不具備的知識。」隈研吾有很長一段時間和栃木的匠人們待在一起。他後來有標誌意義的，積木穿插一般的木質結構外牆，很長時間裡一直受到外界關於「堅固性」的質疑。但事實證明了，不用鋼筋水泥塑造出來的輕盈優雅的「堅固」，才是他最爲人稱道的地方。細木桿和玻璃營造出了既重且輕的效果，從顏色和質感上，完全隱入後面的高山森林中，但走進去卻因爲光線柔和而感到心曠神怡。

「你們所看到的那珂川美術館牆壁所用的細木桿，所有的木桿上都包著一層和紙。把細木桿組合成牆並不困難，但是給木頭一根根包上和紙，這就超出了建築學裡以往的經驗。想想都費勁，連想都沒想過。但我問了木匠，這麼做可不可以，回答是不僅可以，而且也花不了太高成本，於是你們能看到那一片牆。」

那珂川美術館是隈研吾的翻身之作，他在這個偏僻的地方一戰成名，獲得了國際建築學金獎。然而，一九九三年，堆砌誇張造型的M2從汽車展覽館變成殯儀館的時候，隈研吾離開了東京。「失敗後，我要做消失的建築，比如把建築埋在土裡。」

有一段時間他甚至不能提起M2。「現在我回頭去想，卻覺得這不是一件壞事。」隈研吾說自己從小就是一個「不客氣又喜歡反抗」的孩子。他就讀於教會學校，喜歡哥德式的尖頂和彩繪玻璃，去每個同學家裡，除了一起玩、吃零食，同時還要仔細觀察房子的外觀、庭院、傢俱、日用品，甚至那位媽媽的穿著、體形、性格和化妝。

一九八五年，當東京大學的同學們都堅信，鋼筋混凝土拯救社會的時候，隈研吾卻用馬克斯・韋伯的「邊界人」來自我形容。「邊界人，不屬於任何類型，不管面對什麼對象，他們的觀點都帶有批判性，甚至有點刁難。」在鋼筋水泥的專業課程中，他產生了反感：「水泥最初像水，凝固後又重又硬，無法回收利用。」在他看來，會建造房子的人，也會參與房屋的拆毀。「泡沫經濟時代我和大量建築師一樣工作，而九十年代泡沫破滅後，我有十年的時間去日本各地探訪，從你們去到的那珂川美術館開始，我此後的設計發生了巨大的變化。」

無論什麼宗教，都必須敬畏大自然

爲隈研吾寫書的記者說：「每個人都要營造邊界，排除以外的人，他卻連邊界的概念也沒有。」在那所看上去和一般和屋沒有差別的老宅裡，隈研吾幫助父親一點點給天花板加頂，當時引入了螢光燈，可是父親覺得那燈光太過硬和刺眼，於是找相熟的木匠做了個格子，鋪上和紙，玄關的燈一下子就成了灑遍角落的溫暖光線，隈研吾發現，原來可以透過自己的雙手改變一個建築。

「日本的房屋很有趣，我們會根據生活的不同需求，一點點對這個建築進行改變。我妹妹出生的時候，家裡就多了一個隔扇門，給她一個空間，我要考大學的時候，爲了安靜也要給我加一扇門。這種改變房間格局的做法在日本普通家庭裡是一個生活竅門，除非改變大樑，非要請專門的木工不可，大部分小修小改都是我和父親一起完成的。」

「自己的家自己來建」，就是隈研吾至今未變的建築師職業定位。隈研吾的辦公室裡至今有一個非常不起眼，但誰都知道有重要意義的物件，就是父親的陶特設計煙灰缸。猶太德裔設計師布魯・陶特三十年代在日本短暫停留時對日本文化的理解，是隈研吾長大之後形成環境主義觀念的重要輔助。

「戰後日本憧憬的是二十世紀美國文明支配的美好神話。年輕愉快的夫婦去郊外建造幸福的小城，用一生償還貸款。我家就這樣被美國夢遺漏了。」隈研吾出生時，父親已經四十五歲，快要退休，對任何事都有一種「簡樸點吧」的想法，也並無有意培養一個建築師的意向。但父親審美情趣豐富，橫濱的中華街很有名氣，父親買來紹興酒的大缸放傘，「略顯粗糙卻透露出溫和的質感，我至今難以忘懷」。工作室

「KUMA」的字體來源於父親。作爲一個反烏托邦建築師，他一直受父親的觀點影響。「人就是不斷一點點積累負擔，克服困難，每天活得勉勉強強的生物。」

一九六四年，東京因爲舉辦奧運會逐漸出現了很多大的場館。父親曾經專門帶著一家人做過新建築之旅。十歲的隈研吾覺得新建築都很酷，看得心潮澎湃。「我才知道，世界上還有一個叫建築家的行業。建築能影響人。」很多人都問過他是什麼時候誕生了一個做建築師的想法的？「走進代代木體育場的一刻，光線從天上灑下來的一刻。」

戰後日本很快步入高速發展的軌道，對於隈研吾和日本來說，「建築」開始成爲一個獨立承載時代使命的詞彙，「如此讓我感歎」。他從小學時代就一直去代代木地下的泳池游泳。「一九六四年開始，日本就好像那個地下泳池，逐漸淡去了耀眼的光輝。那種負向的、看不見的建築，完全吸引了我。」

「沒有上一個東京奧運會，就沒有我作爲建築師的夢想。而我的夢想實現的一天也要到來了。」隈研吾感歎。建築作爲一個時代的主角，或者說主要象徵，其實是二十世紀以來才發生的事。一戰後歐洲時代終結，美國推銷新時代，把玻璃、超高、纖細推向全世界。「一九七三年我上東大建築系是分數最高的一年，石油危機一來，建築系受到了漠視，一路衰退。」

「二十世紀是一個工業社會的世紀。不斷追求宏大是二十世紀的一個命題。全社會都在高速發展。工業社會的主流產物，就是大量的鋼筋混凝土。」建築師在他心裡是一個木匠般的存在。「東京和西方城市的基礎本來不一樣，東方城市像許多村落的集合。」不同於西方建築師出身貴族精英階層，日本的建築師很多是窮人家的孩子。「日本的建築師很像木工，和業主是平等的。《負建築》這本書就是我把道教無爲的思想建築化了。」

「我的起步比別人晚，在很多年輕建築師已經嶄露頭角負責大工程的時候，我還在哥倫比亞大學的圖書館裡。」從六十年代到七十年代，日本高速發展的腳步同時帶來了種種社會問題。他的研究生生涯也和奮力設計圖紙的年輕人不同。他跟著老師走遍了世界上許多偏遠的角落，比如去撒哈拉沙漠打遊擊一樣拍攝村子裡的原始建築和生活。「全世界的小孩都一樣，只要你對他笑，他們都會很樂意爲你說明。」他讓孩子拉著卷尺，自己繪製平面圖。撒哈拉教會他，「不管在哪，不論是誰，不要害怕，保持笑容」。

隈家本是日本最早的天主教大名的家臣，隈研吾從小家中常有歐洲的神父往來，上新教幼稚園和天主教的初高中。「神父們來布道很孤獨，常常來家訪，我家並不覺得大家有什麼不同，還常常在他們回國後收到杏仁點心，感覺比親戚還親近。」他自己深受道教思想的影響，「無論什麼宗教，都必須敬畏大自然，大自然是神。人是生活的主角，建築只是配角，總會消失，人不要被建築支配。」

「正因爲建築門檻低，才會被資本利用。」隈研吾也有這樣的想法。他甚至說自己是帶著「有罪的心情」在做建築師。但現在建築尤其是公共建築，已然成爲政治、經濟、文化等多方博弈的顯性表達。

「無爲，不是什麼都不做，而是把這些政治、經濟、自然等因素達到一個平衡與和諧。當然也有弊端，在日本做一個公共建築，太重視平衡導致誰都不說話，有時很難做決定。」所以他很討厭建築討論會，覺得建築師和匠人、手藝人一樣，應該平等、開放，一起創造事物。

一個月至少去一次中國

隈研吾最新滿意的作品，是中國美院民藝館「一層層宛如茶田」。他說：「中國從舉辦奧運會到現在，觀念上已經發生了巨大的變化。中國人並不太喜歡巨大的建築，相反，很多年輕人都很腳踏實地，我越來越強烈地感受到，比較適合人居住的、人性化的環境，是年輕人喜歡的。我發現很多年輕人並不想建新的東西，而是想在老房子裡做改造，怎麼讓老建築更舒適？這種趨勢倒越來越多了。」

這正是他提倡的二十一世紀要「珍視歷史」的建築觀念。「我對中國料理有非常大的親近感，因爲我覺得中國料理的觀念和建築的觀念很相似。中國菜裡強調使用各種自然的食材，廚師們鑽研，怎麼經過一個烹飪方法，讓材料變得最好吃，讓人覺得最美味。這和建築是一樣的。我們建築師也是在加工材料，讓材料變得更適合居住。青椒肉絲的大小切得一樣，很好入口，我也喜歡把建築材料切成同樣的尺寸。日本料理總是追求怎麼樣才能更好看，我覺得有些過於追求形式了。而眞正食物的美味上，卻不如中國。我對建築的追求也是一樣，不是爲了看著好看，而是人經過體驗，感覺到住著舒服。」

「進入二十一世紀以後，全球進入了低增長時代，暴漲已經過去，低速甚至零增長的平穩時代裡，人們的心也開始沉靜下來。就會去想，與其期待經濟高速成長，不如在這個低速的時代裡，思考什麼才是我眞正的幸福？」

東京奧運場被隈研吾附上了「超少子化」、「老齡化」標籤，是他自己對時代主題的呼應。「設計奧運主會場的時候，我的理念和二十世紀的理念，完全處於一個相反的狀態。」取代了「做什麼形式」的建築，隈研吾現在的工作，正在把許多日本童語擬聲詞分類放在建築當中。「我們經常探討，要做一個什麼感覺、氛圍的建築。」

這個「感覺」，就用了很不好翻譯卻不難懂的擬聲詞。

「大雨『嘩嘩』地下，我感到『嗖嗖』的冷，或一下子熱得『嗡嗡』，日本人的擬聲詞文化特別發達。日本人在傳統裡，特別強調注重自己身體的感受和心靈的變化。所以這種擬聲詞特別多。」一個房子是「紮紮的」、「粗糙而自然」，還是「寧靜又不使人害怕」。「建築不是追求形式，而是從感覺入手。」

「fuwafuwa」是他希望顛覆以往所有的體育場館的一個目標。「正因爲競爭殘酷激烈，我才更希望人們能放鬆。這就是『負』的理念，以輸爲贏。」容納八萬人是一個硬指標，「我要儘量使高度變得低矮，並且不顯得那麼龐大。另外我還有一個目標，就是要讓陽光透過頂部灑下來。如果能夠通過陽光，這個建築將更不顯眼，一個與二十世紀建築相反的設計。」

「大倉山的奇特綠光，是我最喜歡的。」隈研吾爲東京奧運會場館提出的「木與綠」的理念，是他生命裡最美的印象，「森林灑滿不同類別的光線。聲音和氣味都很特別，連小路也沒有。我抓著竹子往上爬，再陡的斜坡也不怕，好像在綠水裡游泳。」設計或生活的挑戰，他真的一點也不懼怕。這是他在撒哈拉學到的最重要的事：

世界是我的一面鏡子，你對那邊微笑，對方也會回應你。

第八章

宮崎駿：創作就是不停地顛覆

■動畫世界能撫慰受現實壓迫的心靈，激勵萎靡的意志，化解紊亂的情感，使觀者擁有平緩輕快的心情，以及受到淨化後的澄明心境。

「我的想像力很難離開地面，而您的想像世界卻總是在天空之上。」日本著名作家司馬遼太郎對宮崎駿的讚譽，應該也是動畫迷的心聲。

不管怎樣，先畫起來

從《魯邦三世：卡里奧斯特羅城》到《風起》，宮崎駿單獨執導了十一部動畫長片，歷時三十餘年。從孩童到耄耋老者，畫畫陪伴了宮崎駿生命中的絕大部分時間。他在與動畫相伴的時光裡結婚、生子，在事業上走出低谷，摘取榮耀，獲得自信，可在生活裡，卻成了「充滿懊悔的父親」。他說：「我只知道工作，根本就是工作過度的父親，我沒有帶給他們任何陰影，但在家裡也沒有任何存在感。」

長子宮崎吾朗最終還是沿著他的道路，走上了動畫導演之路，可這似乎並沒能彌合他們疏離的關係，父親的光環就是無形的壓力，在工作室創作分鏡腳本時，如果宮崎駿走過來，宮崎吾朗就會把貼滿分鏡腳本的木板背過去，一眼也不讓父親看。宮崎吾朗已經執導了兩部動畫片：《地海戰記》和《來自紅花坂》，前者慘敗，後者成熟了許多，但也並沒有顯現出足以與父親抗衡的才華。

宮崎駿的想像力並未枯竭，可是如何把它們具象化，以栩栩如生的動態呈現在畫面上，卻是對體能的挑戰，他不想告別，可是不得不與日漸衰老的身體妥協。他一直堅持手繪動畫，畫筆從HB換成了5B，即便在理療按摩的幫助下，每日能堅持的作畫時間還是從以前的三分之一降到五分之一，不斷遞減。他把自己限定在工作室半徑不超過三公尺的空間裡作畫，在精神的高度集中裡感受大腦的灼燒，所以勒令自己從跨出大門那一刻開始，就絕對不再考慮工作上的事情。他自我訓練了一套減壓方法：「回家的路上我數巴士，盯著馬路那頭，一心一意地數，如果達到一定數量，就認為每天做的事都是正確的。」

不管怎樣，先畫起來。這是宮崎駿的創作方式：「不從故事情節出發，先把想要表達的場景透過圖畫表現出來。」「不停地畫，越多越好。畫夠了，一個世界便成形了。」「借由想像力、技術，以及所有磨練技藝的過程，你的題材會漸次成『形』。就算它現在顯得曖昧不明，或只是一個朦朧的憧憬也沒關係。只要擁有想要表達的目標，那就是一切的開始。」比起邏輯，他更仰仗靈感，故事結構在平衡感上的缺陷，反而成就了宮崎駿影片的特色，因為靈感和想像力，才是不可言說的天賦。作為觀眾，除了歎服，還有什麼話好說呢？

他說自己就是「電影的奴隸」，他的心願是「娛樂於人」。「只有讓大家感受到娛樂，才能使自己的存在價值獲得承認。」他以動畫作為自己並不快樂的童年的心理補償，傳達出的訊息卻是生之禮讚。

不管怎樣，都要用力活下去，這是宮崎駿的影片中永恆的主題。他希望自己的影片能夠喚起潛藏在孩子們心中的堅韌，令他們有所改變，像《神隱少女》的主角荻野千尋那樣，最終發掘出自己「不被吞噬的力量」。「生存就是生命體在發展中保持平衡的方法，為了保持平衡，就必須做一些努力。」

在朋友們眼裡，宮崎駿本人比作品更有趣。他總是有各種奇思妙想，比如幻想著「當一個可怕又奇怪的祖父，為孫子們製造驚奇」、「孫子一進到祖父的房內，就看到一大堆讓人毛骨悚然的東西」、「在天花板畫上驚悚的雲朵，然後掛上一幅長達三公尺的巨翼龍畫像，讓它隨風搖晃，而我這爺爺便端坐其中」。

他也是個「愛操心的人」，「老是擔心別人且樂於助人」，「結果把一大堆麻煩事往自己身上攬」。他還是個「矛盾的綜合體」，摯友高畑勳說，宮崎駿「是個非常害羞的人，有孩子氣的一面，天眞無邪又任性率直，所以會把自己的欲望表現在臉上。可是，卻又有著比別人多一倍的律己、禁欲意志以及羞恥心，因此經常想要加以隱藏，使得表現出來的行爲顯得曲折不可測」。

對於內心的矛盾與分裂，宮崎駿自己尋找過追根溯源的解釋：「從小，我就認爲父親是個錯誤的示範，可是，我卻覺得自己跟他很像，那種雜亂無章的處事風格，與矛盾和平共處的態度，我都繼承了下來。」他描述的父親，是一個「公開聲明不想上戰場，卻又因爲戰爭而致富，隨時都能與矛盾和平共處」的人。

「戰爭結束之後，父親對於自己曾經擔任軍需產業的製造者和生產瑕疵品這兩件事，根本沒有任何罪惡感。什麼做人的道理、國家的命運，全都與他無關。他唯一關心的是，一家人應該要如何活下去。」

在二〇〇五年國際交流基金會的獲獎感言，是宮崎駿對他和吉卜力的定位：

「我們的作品本來就不代表日本的動畫電影，反倒應該說，我們是站在日本動畫的邊陲，所從事的一向都是反潮流的工作。我們總是以要在下一部作品背叛死忠觀眾的方式，勇敢向前行。」

「就像我的肚子完全不會縮小一樣，我對於大量的消費文化日漸肥大也感到氣憤。而我們的動畫電影本身，就是大量消費文化的一員，因此，這個大矛盾就像是我們的宿命一樣，隨時威脅著我們的存在。」

「我們的美術熱衷於將太陽的光芒放進畫面裡，描繪出空間層次，表現出世界之美。儘管慘劇正在眼前展開，我們仍應盡全力表現出其背後的世界之美。」

「唯一會束縛我們的，就是我們不成熟的技術。我們雖然居住在非主流的狹窄巷弄的角落裡，卻是自由的。」

我們有的只是野心，或者說是希望

「若問那個充滿不安又缺乏自信，拙於表達自己的我，當時可以從哪裡得到自由，答案是有時從手塚先生的漫畫，有時則是從一本借來的書。現在大家雖然疾呼要正視現實，直接面對，但我覺得，對那些一旦面對現實往往就信心全失的人來說，首要之務應該是讓他們擁有自己能夠當主角的空間，而這就是幻想的力量。」

「我認爲創作動畫就是在創造一個虛構的世界。那個世界能撫慰受現實壓迫的心靈，激勵萎靡的意志，能化解紊亂的情感，使觀者擁有平緩輕快的心情，以及受到淨化後的澄明心境。」

在吉卜力工作室裡繫上作畫用的圍裙，宮崎駿看起來既像傳統的手工匠人，又像動畫片裡有魔法的老爺爺。摯友高畑勳曾戲謔說，「每一頂帽子都必須是特大號」才能裝下宮崎駿的頭，或許是因爲頭特別大，鬚髮皆白、戴著大黑框眼鏡的宮崎駿，親切又有些卡通，這也是動畫迷眼中，動漫大師宮崎駿的標準形象——他成名得晚。

大學畢業進入東映動畫公司，宮崎駿才正式涉足動畫業。在公司前輩保田道世的回憶裡，這個年輕人才華超群：「他的想像力之豐富令人震驚，我那時候就認識到，他這個人不得了。」如果這是個預言，那麼早已成眞，只是過程波折。

事實上，在動畫製作行業裡打滾了十六年之後，宮崎駿才第一次得到執導一部劇場版動畫長片的機會。一九七九年十二月二十五日，《魯邦三世：卡里奧斯特羅城》公映，宮崎駿才有了自己的處女作，三十八歲，幾近不惑。

《魯邦三世》是日本漫畫家加藤一彥的作品，從一九六七年開始連載，講述怪盜魯邦家族第三代傳人的冒險傳奇，故事雜糅，畫風粗獷，在日本擁有超高人氣，陸續被改編爲電視動畫、劇場版和OVA（原創動畫錄影帶）。就像永遠在讀小學的少年偵探柯南一樣，怪盜魯邦三世也是日本動漫界的不死傳說。

二十世紀七十年代末，《魯邦三世》的電視動畫系列已經陸續播放了近兩百集，故事情節也從最初的偏成人化轉向低齡化。宮崎駿拿到的片約，是製作《魯邦三世》

劇場版的第二部，目標觀眾設定爲十五、六歲的青少年。

宮崎駿在東映動畫工作了八年，從《汪汪忠臣犬》開始，陸續參與動畫製作，有電視動畫系列，也有劇場版長片，他擔任過原畫製作、場面設計、創意、策劃等各種角色，獨缺導演，而他的同事兼摯友高畑勳卻早已擔任了多部動畫的導演。一九七一年宮崎駿和高畑勳一起離開東映動畫，轉入A-pro製作公司，情況還是一樣，機遇依舊更青睞年長他六歲的高畑勳。一九七八年，宮崎駿第一次以導演的身分，籌拍了《未來少年柯南》，但這只是一個三十分鐘的電視動畫系列，與他渴望的劇場版長片不可同日而語。

宮崎駿是東映動畫招收的最後一批正式雇用制社員，經過三個月的入職培訓，開始動畫師生涯。動畫師，就是「讓圖畫動起來的畫師」，他們是支撐日本龐大動漫產業的基石。成名之後的宮崎駿這樣勾勒動畫師的群像：「平均年齡很低」「特徵是善良和貧窮」「大多數人是按件計酬」「有人甚至無力投保國民年金和健康保險」。

具體到年輕的宮崎駿，起步月薪只有一萬九千五百日元，蝸居在東京都練馬區一間「四帖半」的公寓，約七平方公尺，是日式房間的最小極限，月租金六千日元。他自嘲：「每當動畫師聚在一起，總是不外乎要冒出『我看我轉行算了！』或『沒有別的好工作了嗎？』這種話。」可是他並不打算放棄，「回想起我們二十四、五歲的時候，剛走進動畫這一行，既沒有職業生涯的保障，也不知道希望在哪裡，沒有錢，甚至也沒有才能。我們有的只是野心，或者說是希望，在各行各業中，僅僅憑藉著它來奮鬥的，唯獨動畫而已。」

看到蘇聯動畫片《雪之女王》時的震撼，更堅定了他身為動畫師之心。他回憶說：「它讓我看到動畫作業中包含了多少對作品的熱誠與愛惜，畫面的動態又可以如何昇華其中的演技，在描寫純粹的情操、堅毅而質樸的意念時，動畫竟是如此震撼人心！絲毫不遜色於其他類型的作品。」「真覺得能做個動畫師實在太好了。能創造出那樣的世界，不，應該說如果自己擁有能力與機會去創造出更美好的世界，那麼天底下再也沒比這更好的職業了。」

他太想創作出「只屬於自己的作品」，能夠「讓大家從心中感受到快樂」的作品，以此回應母親對他人生的希冀。而他唯一的資本，只有一九六三年入行以來累積的職業歷練。終於，《魯邦三世：卡里奧斯特羅城》到來了。宮崎駿不僅擔任導演，還負責腳本和分鏡。他用一百一十分鐘講述了一個完全不同於原著的懲惡揚善的故事，怪盜魯邦搗毀了野心家的假鈔基地，拯救了被困的公主，找出了隱藏的寶藏，然後繼續與警探貓捉老鼠般的刺激逃亡。

三十多年前的片子，現在重看，那種幽默、輕快和奇思妙想，依舊能讓人會心一笑。影片開場的幾段追車戲，據說曾經在坎城電影節上被史蒂芬·史匹柏讚譽為「電影歷史上最完美的追車戲」。這部動畫長片，以獨特的風格獲得了影評家們的青睞，摘取了日本動畫界一流的獎項——大藤信郎獎。三十年之後，宮崎駿憑藉《崖上的波妞》第二次贏得這個獎項。

可是，影評人並不能代表市場。二十世紀七十年代末，正逢日本科幻題材興起，以《宇宙戰艦大和號》為代表，機器人和未來時空，成為動漫作品中的主流趣味，牢牢地吸引著媒體和消費者。影院裡空蕩蕩的座位，宣告了宮崎駿處女作的失敗，此後三年，他沒有接到任何片約。身爲動畫師的野心和希望，在宮崎駿的不惑之年，遭受重創。

從模仿開始，我不能接受

爲什麼要進入動畫業？這是宮崎駿成名後曾被人反覆追問的問題。他與漫畫的邂逅，經由不同方式的敘述，成爲命運的必然。宮崎駿一九四一年出生在東京，自小腸胃虛弱，被醫生斷言活不過二十歲。六歲那年，母親又罹患肺結核病倒。他總是班級賽跑落在最後的那個人，又早早被切斷了向母親撒嬌的可能，一邊努力成爲不用大人操心的乖孩子，一邊卻是揮之不去的自卑和壓抑。「小時候曾經病倒差點沒命的我，只要聽到父母親說，眞的好辛苦啊，便會不安得無地自容，覺得自己眞是帶給父母天大的麻煩。因此，我並沒有所謂令人懷念的童年時代。但是到了某個時期，當我覺察我只是在配合著大人或父母時，那種屈辱感讓我難過得幾乎想要放聲大叫。」

漫畫讓宮崎駿尋找到了慰藉，「自我意識的脆弱部分得以獲得支撐」。漫畫家手塚治蟲的作品是他的最愛，他覺得從原子小金剛的初版開始，手塚的作品就「攜裹了深深的悲劇性，令孩子們的心不寒而慄，那對我們而言是一種魅力」。「當時我覺得，這個人應該詳知世界許多的祕密。」宮崎駿說，他是借由手塚先生的漫畫，塡補了「存在於自我意識和現實之間的鴻溝」。這些複雜的內心糾結，連他的家人也不甚明瞭。哥哥宮崎新回憶說：「不記得他做過什麼運動，體育運動全都不行，整天關在屋子裡，不是看書就是畫畫，三個弟弟中最擔心他，擔心他走上社會後，能否在公司裡做事。」

宮崎駿明白家人的擔憂，他說，「我的朋友們上了高中之後，大多都不再看漫畫了。換句話說，漫畫是孩提時期的讀物，長大後就要跟漫畫說再見了。」「我的高中時期，正值日本即將邁入經濟高速成長階段。那個時代還在看漫畫的人，全校大概就只有我一個了吧，而且要是我告訴人家我在畫漫畫，聽到的人搞不好都會覺得我智慧不足。可是我反而認爲身邊這些人不明白漫畫的潛力，他們的腦筋才有問題呢。能這樣撇清，我就輕鬆多了。」

一九五八年日本第一部彩色動畫片《白蛇傳》，恰逢其時地成爲他「高三」迷惘青春的又一盞指路明燈。「我清晰地記得那天自己走出電影院時，外面開始下雪，我神不守舍，跌跌撞撞地走回家……我哭了整整一晚上。」宮崎駿解釋說，「當時讓我大感震驚的，與其說是電影出色，倒不如說是突然醒悟自己竟然如此貧乏。電影裡的人們拼了命地活著，而我卻因爲升學考試而過著如此乏味的生活，這樣好嗎？由於那時的我已經變得會反抗父母，總是忍不住會想，我們爲何要如此仇恨彼此呢？種種的傷感就那麼傾瀉而出。」

回過頭去看，宮崎駿也承認《白蛇傳》算不得經典，但是被一部動畫片擊中的身心觸動和精神洗禮，瞬間即永遠。所以，雖然高中畢業升入學習院大學政治經濟學部就讀，宮崎駿卻對本專業的「日本產業經濟」問題研究並無興趣，一門心思地投入到畫漫畫裡。他後來甚至解釋說，上大學只是他爲了畫漫畫，在步入成人社會之前的「緩衝之計」。

當他拿起畫筆，卻發現自己早已深受手塚治蟲的影響：「我不記得自己曾經想模仿他，其實也不像。但我畫出來的東西卻常常被人家說很像手塚先生，這話聽起來實在是一種侮辱。儘管有人認爲不妨從模仿開始，我卻不能接受。」他把自己多年來收藏在五斗櫃裡的塗鴉全部找出來燒掉，完成儀式感般的決絕，然後到中學美術老師佐藤先生家裡學畫，從素描和構圖的基礎項目學起。

宮崎駿每週六都會去畫室，獨自一人練習石膏素描，但是內心並沒有自信：「我在漫畫方面的表現也是乏善可陳，總是擔心無法完成每天五公分的既定進度，心中充滿焦躁和不安，以至於常常懷疑自己的所作所爲根本是徒勞無功。」他覺得自己眞正能擺脫手塚治蟲的影響，是從進入東映動畫開始。「公司裡另有一派不同的方式，它讓我明白，我只要照自己的心性去做個動畫師就可以了，動畫師並不是要透過筆下的人物去表現自己的風格，而是要讓筆下的人物在動作間展現演技，因此我要面對的問題乃是對於動態的追求，不知不覺間，我畫得像誰就一點都不重要了。」

這種訓練，是他日後成功的基石，高畑勳評價宮崎駿說：「他能夠利用視覺上的效果，努力地將眼看就要露出破綻的作品給拉回來，而賦予作品一個精彩的結局。」「這其中其實含有他堅強的理想主義和某種平衡感。」「他所依恃的並不是理念上的機會主義，而是把自己在影像方面的想像力發揮到極致，將具有眞實感的行爲和決定性的瞬間加以體現並累積起來。」「他有豐富的構思力和旺盛的好奇心，以及產生精彩幻覺的超高想像力。」

以懷抱「願景」的心情打造新漫畫

不惑之年的宮崎駿拿著厚厚的畫稿，輾轉於各個電視臺，在業界功利的冷漠裡毛遂自薦。「那時就想，自己不能這樣爛掉，我就是喜歡動畫。」他想講述的故事，有猞猁與人間公主墜入情網，有森林妖怪大顯身手，有空中浮城。這些分別是後來《魔法公主》、《龍貓》和《天空之城》的雛形，只是都與當時的科幻主流格格不入。「題材陳腐，沒有票房」「一股子馬糞臭」，他就這樣被拒絕、貶低和嫌棄。

宮崎駿的另一位摯友，後來與他在吉卜力共事的金牌製作人鈴木敏夫，在這時候出現並施以援手。一九八一年，鈴木敏夫擔任了德間書店旗下老牌動畫月刊《Animaga》的總編，在八月號的《Animaga》推出了第一個宮崎駿特輯。他從《魯邦三世：卡里奧斯特羅城》開始，就很欣賞宮崎駿的才華，他還幾番遊說，邀請宮崎駿在雜誌上刊登連載漫畫。日本的漫畫家獲得聲望的方式，都是先從連載漫畫開始，其作品受到讀者追捧，被證明有市場，才有可能被改編爲動畫，然後獲得更大聲譽。其實宮崎駿很早就嘗試過連載創作，他曾經在《少年少女新聞》雜誌上連載原創漫畫《砂漠之民》，從一九六九年九月延續到一九七〇年三月，只是他沒有用眞名，筆名秋津三朗也被湮沒在同期的競爭者中。

一九八二年二月，宮崎駿的《風之谷》開始在《Animaga》上連載。故事背景設定在巨大的工業文明毀滅數千年之後，以風之谷公主娜烏西卡爲主角，來審視人類與腐海森林的生存對決，這是宮崎駿當時心境的表達。他回憶說：「我當時心裡非常焦慮，對於當時的社會狀況等，感到很生氣……環境問題固然令人心急，但問題並非僅止於此，雖然人類該何去何從也令我相當在意，但最大的問題是日本現況。還有，最令人生氣的恐怕是自己當時的狀況吧。」「我感到丟臉，而且是火冒三丈。」

其實他一開始設定的故事場景是沙漠，因爲「畫起來顯得很無趣」，才接受別人的建議改成了森林。他甚至很坦白地承認，「當時我並沒有什麼龐大的構思，有好幾次都是後來才明白，原來是因爲要趕著截稿，所以故事才會如此發展。」誰也沒有想到，《風之谷》會成爲大河劇般的漫長創作，五十九回的連載用了五年，加上前後幾次中斷暫停的時間，一共是十三年。還好，宮崎駿的事業轉機並不需要等待這麼久。漫畫連載一年之後，德間書店願意出資，把它搬上大銀幕，由宮崎駿來做導演，製片人是高畑勲。

這是宮崎駿的背水一戰。一九八四年三月，劇場版《風之谷》公映。影評家野村正昭給《風之谷》打了十分。他寫道：「我不想用與《魯邦三世：卡里奧斯特羅城》並列的傑作之類定位，將這部影片局限在動畫片的範疇之內，難道在一九八四年，還可能期待一部在氣勢上超過《風之谷》，在情感上表現得更豐富的傳統日本電影出現嗎？」這一次，影評人的讚許終於與市場的認可度合拍了，《風之谷》的觀眾數量突破了九十一萬人次。《風之谷》甚至被《電影旬報》列為一九八四年十佳影片的第七位。在此之前，日本動畫片排位最高的是一九七九年的《銀河鐵道999》，僅列第十七位。所以也有研究者認爲，在日本動畫史上，《風之谷》取得的最重要的成果，是「讓動畫片贏得了作爲電影才能擁有的評價，從而大幅度拓寬了動畫片的觀眾層和觀賞年齡層」。

《風之谷》是宮崎駿「以懷抱『願景』的心情打造出來，而不是說明『現實就是如此』的作品」。他覺得，人都是「懷著進退兩難的心情，活在這個進退兩難的現實社會裡」，而漫畫電影恰好是「最能疏解心情，使人愉快、神清氣爽的東西」，在這個虛構的世界裡，「人們才能擺脫現實，喚起深藏在內心的願望和憧憬，整個人也將變得溫柔而勇敢」。所以，「創作動畫就是在創造一個虛構的世界。那個世界能撫慰受現實壓迫的心靈，激勵萎靡的意志，化解紊亂的情感，使觀者擁有平緩輕快的心情，以及受到淨化後的澄明心境」。

日本動畫界也感受到空前的衝擊，宮崎駿曾經最喜愛的漫畫家，動畫界巨擘手塚治蟲對《風之谷》沒有發表任何評價，一直到他去世之後，擔任過他的助理的漫畫家石阪啓才說了一點猜想：「先生對《風之谷》一定感到十分沮喪，他自己最想用動畫去做的事情，卻被宮崎駿搶在了前面，我認爲先生最想做的，其實就是創作那樣的作品。」《風之谷》被動畫界看作是一個時代的分野，低劣作品在有誠意的佳作面前無地自容，宮崎駿所堅持的動畫理念和精益求精的製作方式，成爲動畫片「正統道路」的代表。

不過，宮崎駿自己對這部影片的成功非常低調，他一直不能釋懷影片最後娜烏西卡甦醒的段落。「感覺故事最終還沒有結束……本來沒有要將她神化爲聖女貞德的想法，原本是想竭力回避掉宗教色彩的，但是在結果上，還是成了一幅宗教式的畫面。」他反思說，「這次的問題出在我拆解自己的原作時太費時間。儘管我們有一位共同執筆者，仍不能使作業流程更有效率，以致最後時間不夠，只好靠貼在牆上的劇情大綱來完成作業。影片末了雖然將我列爲腳本作者，但其實我們連印刷成冊的草稿都沒有，只能透過對這個標題的認識，去揣摩腳本的樣子……這次的經驗不只證明了方法論的謬誤，更給了我一個教訓，那就是已經表現完成的一部原創作品，實在不該由創作它的人用影像再去表現一次。」

用力活在當下

「會走上動畫世界這條路的人，大多是比一般人更愛做夢的人，除了自己做夢，他們也希望將這樣的夢境傳達給別人。漸漸地，他們會發現，讓別人快樂也成了一種無可取代的樂趣。」《風之谷》的成功，終於讓宮崎駿可以把他的奇幻夢境傳達給更多人。接下來的十年，是宮崎駿創作生涯最巔峰的時期，他和高畑勳一起成立了吉卜力工作室，後來鈴木敏夫也加入進來。

吉卜力成了懷抱夢想的動畫師的聖殿，引發了動漫界頻繁的人才流動。從一九八六年到一九九六年，吉卜力一共推出了九部動畫長篇，分別是高畑勳擔任導演的《螢火蟲之墓》、《兒時的點點滴滴》和《平成狸合戰》，望月智充的《海濤之聲》，近藤喜文的《心之谷》，以及宮崎駿擔任導演的《天空之城》、《龍貓》、《魔女宅急便》和《紅豬》。雖然都打著吉卜力的標籤，雖然在其他作品裡，宮崎駿也會分別擔任製片或者劇本等角色，但最出名的還是他自己執導的這四部。

《天空之城》算是吉卜力的開山之作，少女希達與少年巴魯尋找空中浮城拉普達的奇異探險，涵蓋了豐富的「宮崎式要素」，舒緩自如充盈著飛翔感的畫面，意志堅定個性鮮明的少女，重視勞動與公有化的共同體的存在，還有巨大的機器人和巨大的樹木。宮崎駿很滿意，他說自己從事動畫片創作以來一直想完成的就是那樣內容的作品。但是評論家們意識到了這部作品的結構缺陷，「隨著影片的展開，故事情節漸漸失去了完整性」。其實，這和宮崎駿自己對《風之谷》的反思是一樣的，影片發展到了與預期不同的方向。這與他的創作方式有關，劇本對宮崎駿來說「只是一個推敲的基礎而已」。他堅持認爲好的創作，依靠的並不是邏輯，而是感覺，比起刻板的情節邏輯推進，他更忠實於自己的創作靈感。他說：「所謂的電影，並非存在於自己的頭腦之中，而是存在於頭上的空間。」

「拍電影不能靠邏輯，或者說如果你換個角度看，任何人都可以用邏輯拍電影，但是我的方式是不用邏輯的，我試圖挖掘自己的潛意識，在那個過程中的某個時刻，思維之泉被打開，各式各樣的觀點和想法奔湧而出。」宮崎駿作品的結構失衡，雖然有很多評論者都指出過，但很少有人對此做出批判。他的弱點，反而被視爲他作品的一種風格體現——「即使憑藉感覺創作，依然能夠創作出滿足觀眾觀影生理快感的電影，這體現出了宮崎駿非凡的才能。」

《龍貓》是宮崎駿所有作品中最具童趣的故事，沒有《風之谷》的糾結迷思，沒有《天空之城》的探險刺激，甚至連複雜的情節都沒有，就是內心純眞的小梅和皐月姊妹與傳說中的森林守護神「龍貓」邂逅，結下了似夢似幻的緣分。影片的高潮，是姐妹倆在龍貓的幫助下，乘坐奇幻的貓巴士半夜探視了住院的母親。它呈現的就是淡淡的日常溫情，孩子們內心的單純明澈，以及關於神祕大自然的猜想和期盼。

「我也沒有想太多、想太難，只是覺得我們從小生長在日本，因此很想對自然說，『雖然我們做了許多過分的事，但是承蒙您照顧了』。這是一種愛的呼喊，我想借由那片森林來表達這種感覺。」《龍貓》證明了越簡單越精彩，一九八八年上映之後獲得壓倒一切的好評，拿下了日本國內當年所有的電影獎，動畫片打敗了故事片，這作爲日本電影界有史以來的一件大事被載入史冊。

但是，票房的厄運又來了。吉卜力把《龍貓》和高畑勳的《螢火蟲之墓》同時上映，兩者風格迥異，後者的主角也是少年，一對兄妹，但故事卻是他們在戰爭空襲中失去家園和母親，死於饑餓和營養失調的悲劇。宮崎駿自己評價：「《螢火蟲之墓》不是反戰電影，也不是訴說生命可貴的電影，我覺得，它是一部描寫無處可歸的死亡的恐怖電影。」結果可想而知。值得慶幸的是，龍貓的形象被人看中，與吉卜力商談版權，希望能製作相應的周邊玩具產品。這筆收入，讓工作室免於破產。

《魔女宅急便》第一次給吉卜力創造了票房佳績，成爲當年最賣座影片。故事也很簡單，一個十三歲的魔法少女來到陌生城市獨自歷練，在喜悅與失落、誤會與挫折中成長。沒有善惡對決的宏大敘事，只是一個少女，在平凡都市裡努力而又倔強地不平凡地成長。而《紅豬》第一次帶給了宮崎駿海外聲譽，它參加了一九九三年法國安錫國際動畫電影節，並獲得了最佳長篇作品獎。影片的主角是一個厭惡了戰爭的飛行員，他選擇隱居和繼續自由飛行，只不過，他的形象是一隻體態臃腫的豬。這是宮崎駿所有作品裡最奇怪的主角，他自己也說，《紅豬》是唯一一部不是拍給兒童看的電影。

本質上，《紅豬》和宮崎駿其他的作品並沒有區別，不管主角是什麼形象，不管故事情節是複雜還是簡單，宮崎駿都一直在反覆述說同一件事情：不管發生了什麼事，不管社會多複雜，不管環境多艱難，不管內心多痛苦，都要好好地用力活下去。這是宮崎駿的生之禮讚，他並不能爲光怪陸離的社會現實尋找符合邏輯的解答和方向，但他可以把這複雜的一切包容起來，與一切和解，指出一條出路——用力活在當下。

或許正因爲如此，龍貓的形象才成爲吉卜力的標識。這個森林守護神，有一種天然的純眞，它是宮崎駿寄託對自然生命美好希望的載體。關於龍貓的設計靈感，宮崎駿說：「不是一開始就先有形象，而是有一種好像就在身邊的感覺，也許是在心中或者在黑暗中，這種感覺不是只有害怕，應該會產生緊張心跳、詭異或者一剎那之間的愉悅，或者興奮期待的連鎖反應。像詭異這種感覺，小朋友就很喜歡。不只是花、蝴蝶之類的才是美好，玻璃瓶、一塊積木同樣都是小朋友世界的一部分，在我們身旁的確有不可思議的東西存在，雖然不知道存在的是什麼，但是這種感覺是創造出龍貓非常重要的關鍵，設計成那樣是想給這種感覺一個外形而已。」

顚覆與傳承

從《風之谷》開始，人類與自然的關係，成爲宮崎駿作品中恆久的母題；少女與少年，天空與森林，萬物有靈，是他「夢境」中最突出的意象。《風之谷》恰合了日本自二十世紀八十年代興起的環境危機意識和環保熱潮，宮崎駿和高畑勳因此都被奉爲「環保主義者」，可是宮崎駿自己卻說，他討厭被貼上這種標籤：「常有人把我和高畑先生錯當成環保人士，以爲我們總是用環保意識做主題，以爲只要有這樣的資訊，我們就可以將之製作成影片。這誤會可大了。」

宮崎駿會身體力行地在工作室和居所周圍的樹林和河川撿拾垃圾，但也僅此而已，他並不覺得自然就那麼脆弱，相反，他堅信「大自然擁有無窮的力量，那是一種超越了人類善惡線的巨大力量」。宮崎駿不願意「關懷綠色，關懷自然」被當成吉卜力的品牌標籤，他想「打破那些奇怪的觀念」。

在《紅豬》之後，他創作了《魔法公主》，一場森林中凶暴諸神與人類的戰爭。影片的製作用了四年時間，花了二十三億日元，而整個故事的構思醞釀用了十六年。宮崎駿以賭上吉卜力的一切、任性地製作最後一部動畫長片的心情，在一九九七年爲觀眾奉上了這部影片。故事裡，達達拉城主「黑帽大人」代表的是人類的無所畏懼和對自然的毀壞，狼女小桑代表的是自然諸神對人類的憎恨和報復，而被詛咒的少年阿席達卡代表的是和解，和不管怎樣都要努力生存的意志。

這一次，票房與影評之間，又呈現出微妙差異。《魔法公主》打破了史蒂芬・史匹柏的《外星人E・T・》一九八二年在日本創下的無可撼動的票房地位，上映一百八十四天，觀眾三千萬人次，票房收入一百七十九億日元，創下了日本歷史上電影的最高紀錄。但是影評人卻對這種顛覆提出了異議，他們認爲電影的主旨和部分畫面過於殘酷血腥。宮崎駿承認，畫面中確實有過於殘酷的部分存在，那是因爲「凶暴諸神和人類之間的戰爭是不可能以喜劇收場的」。他說：「所謂人類和自然的關係，其實可以用因果報應來形容。」所以，「不能蓋上蓋子，只挑愉快的部分給大家看。」

在宮崎駿看來，動畫片的中心思想不能脫離「現實主義」，「就算是虛構的世界，總要有些東西能跟現實世界連結」。換句話說，就算是編造出來的，也要讓看的人心生「原來也有這樣的世界」之感。這是他和高畑動一直堅持的理念。「至於當時爲什麼會決定這樣做，我們倒是沒有太多的論點。只是覺得人類無法脫離生產關係，而且生活在形形色色的萬物之間，如果只是把主角們的心情、想法和人際關係表達出來，就未免太奇怪了。剛開始只是討論生產與分配的問題，漸漸地意識到必須提高水準，從人類和自然之間的糾葛關係去探討才足夠。因爲人類是被許多東西包圍住的，比方說居住的空間、季節、天候、光線等。如果再加上自然的植被問題等等的話，就知道我們對這個世界的確應該謙虛一點。」

這種「謙虛的態度」，貫穿了吉卜力的各種作品。「我們不認爲自然應該附屬在登場的人物之下，只是充當舞臺的背景，我們的想法是應該先有自然，然後才把角色安插進去。」宮崎駿說，「如果眞要說我們的美術階段，其實就是單純的自然主義，而且我們一直都停留在那個水準，只不過，我和高畑先生一路走來都堅持要在電影裡放入這個謙虛的態度就是了，時至今日，它就成了我們工作的最大特色，不是嗎？」

其實，「顚覆」一直是宮崎駿對自己創作的設定。「我確實和鈴木不斷商量交談而理出了一個防線，那就是一旦觀眾對吉卜力的作品懷有某種期待，我們就必須在下一次的企劃中努力想辦法背叛他們。」「所以我不覺得這次有何特別之處，反倒是很清楚地告訴自己，要是把它做成《龍貓II》就完了。」顚覆當然會有風險，宮崎駿也很明白，動畫製作也是娛樂業，「所謂娛樂，就是有義務將花出去的錢收回來」。但是他也堅持，「以賺錢又安全爲前提的電視作品，只會磨損年輕人的人生，根本學不到東西。」

殘酷的《魔法公主》，雖然是對《龍貓》、《魔女宅急便》輕快敘事的顚覆，但本質上並沒有偏離宮崎駿持之以恆的創作核心，那就是「即使在憎恨和殺戮之中，還是找得到生存的意義，還是存在著美好的邂逅和美麗的事物」。故事的結尾，是典型的宮崎駿式生之禮讚的表達——小桑說：「我喜歡阿席達卡，但是我不能原諒人類。」而阿席達卡回答：「那也可以，那麼就和我一起活下去吧。」

刺激麻木的知覺，喚醒沉睡的創造力

在製作《魔法公主》的時候，宮崎駿覺得，一九九七年已經是吉卜力的頂點，他說：「我認爲我們現在的力量正達到頂峰，換句話說，是指無論在金錢方面還是力量方面，今後都將慢慢走下坡。」他還是低估了自己。四年之後，二〇〇一年七月二十日，《神隱少女》在日本上映，本土票房三百零四億日元，超越了同期上映的《鐵達尼號》，不僅獲得了第七十五屆奧斯卡最佳動畫長片獎，還成爲唯一一部獲得柏林電影節金熊獎的動畫電影。同年十月，宮崎駿傾心設計打造的三鷹之森吉卜力美術館也正式開館。在電影首映會上，年滿六十歲的宮崎駿發表了諸多感慨：「身體不如從前是事實，到深夜腦子就自動罷工了，怎麼休息也難免有糊塗的感覺，最大的問題還是尋找一個可靠的接班人吧。」「我現在才算明白黑澤明當時的心情，在《亂》中安排了李爾王這個角色，不是不想放開手中的權力，而是國王一旦成了老王就難免可笑愚蠢，我只要還有力氣、幹勁，就會一直製作電影，不知道這是喜劇還是悲劇，我想黑澤明當初的心情一定也是如此複雜。」

《神隱少女》是宮崎駿專門為十歲大的女孩們創作的片子。他解釋說：「這不是一部揮動武器、較量超能力的作品，而應該算是一部描述冒險故事的作品。雖說是冒險，但主題並非正邪對決，而是述說少女因為被丟進了好人和壞人混合存在的世界裡，而展開修練，學習友愛和風險，並發揮智慧讓自己得以返回原來世界的故事。她回到原來的世界，並不是因為世間的惡毀滅了，而是因為她獲得了生存的力量。」他想要「刺激那些麻木了的知覺，喚醒那沉睡了的創造力」，因為「在現實生活中，我們總不能為了激發孩子的本能，而要他們獨自面對種種困難，我相信一部用心製作的電影將是孩子們借鑑的好對象」。

故事的主角荻野千尋，乍一看和宮崎駿以前塑造的少女似乎有所不同，她不像娜烏西卡、小月小梅、魔女奇奇或是狼女小桑，擁有一眼看去就無所畏懼的力量，她的出場並不是活力洋溢，反而有些對世界漠不關心的賭氣，她還是個笨拙的愛哭鬼，面對最初的險境驚恐得手足無措。但隨著故事的演進，千尋不斷成長，最終展現出了宮崎駿摯愛的少女們共同的特質——「擁有不被吞噬的力量」。

這就是宮崎駿想訴說的：「別擔心，最終一切都會好的，一定有屬於你們的世界。不僅僅是在電影院中，也是在日常生活中……我更想說的是，如果是你，一樣做得到哦！」《神隱少女》的製作，和宮崎駿所有的作品一樣，也是從分鏡腳本開始，反覆打磨，隨時更改，並不是跟隨劇本的邏輯演進，而是跟隨他的靈感。

這些閃耀的靈感中，最令宮崎駿滿意的，是他對「無臉男」的塑造。「這個角色並不是在一開始就設定好，而是在看到他站在橋邊的模樣之後才決定的。說老實話，他是硬被我設計成跟蹤狂的，聽說製作人趁著我不在的時候，到處去跟別人說，那就是宮崎先生的身分，但是，我不覺得我有那麼可怕啊。」這個角色的逐步豐滿，讓宮崎駿「第一次很有驕傲的感覺」。

「我沒有把它做成無臉男大鬧，破壞了湯屋，然後企圖吃掉千尋，而是安排千尋坐上電車，第一次出遠門。比起無臉人大鬧或者和湯婆婆電光交戰，對孩子而言，眞正重要的是一個人坐上電車展開充滿期待的旅程。」

《神隱少女》製作結束時，宮崎駿曾獨自到神社求籤，籤文是「殘花，舊枝頭再開放」。他的理解是：「我雖然年事已高，但依舊應該力求突破與創新，絕不能爲了追求時髦迎合當今的商業需求，那樣的事情對我是不可想像的。」所以，在獲得蜚聲國際的榮耀之後，宮崎駿依舊在堅持創作和顛覆，他之後的兩部作品，《霍爾的移動城堡》和《崖上的波妞》，雖然也獲得了不同的獎項，但是，並沒能超越《神隱少女》給觀眾的震撼。

的確已經挑戰極限，一定想辦法再超越

完成《魔法公主》時，宮崎駿已經五十六歲，在電影製作的最後半年裡，由於過度疲勞，他作畫的右手不得不接受按摩治療，有時候甚至要打封閉針。而他又拒絕讓電腦來替代動畫師的工作，堅持原畫必須是手工出品。創作欲望與身體狀況的背道而馳，從此一直是宮崎駿的困擾，也是從這部影片開始，伴隨每一部新片的製作與發布，都會傳出他要封筆退休的消息。

在《神隱少女》爲他贏得榮耀的六十歲，宮崎駿不得不承認自己已經步入老年，眼前彷彿突然打開了一扇門。「門扉的那頭並不是清晰可見的筆直道路，而是猶如天與地混在一起、渺茫模糊的灰色世界。儘管回頭看是熟悉的世界，卻是再也回不去。」他感歎說，「年老，眞是件非常麻煩的事情，本來以爲將因此變得更加心平氣和，誰知道根本是一點都不平和，我努力想讓自己變沉穩，卻怎麼也辦不到。」

日本放送協會（NHK）曾經跟拍過《崖上的波妞》的製作，在製作後期，宮崎駿的身體已經糟糕到必須要接受按摩理療才能堅持作畫的程度。分鏡腳本的進度一再落後於計畫，他又無法長時間集中作畫，鏡頭多拍到他在畫桌前枯坐，吸著菸，撓著頭，面色沉峻。宮崎駿確實是以封筆之作的心情和誠意，在講述波妞和宗介的故事，甚至不惜把童年時代母親因病無法擁抱他的心事，也展露在筆下。

故事結尾，養老院孤僻怪異的老太太阿時從輪椅上站了起來，給了宗介一個大大的擁抱。宮崎駿完成了對童年遺憾的告別，而觀眾們也相信，這一次眞的是對大師的惜別了。可是二〇一三年，七十二歲的宮崎駿再次回歸，帶來了現實題材的動畫《風起》，以及一個面對各國媒體的發表會，正式宣布退休。

不過，越是這樣，反倒越令人確信，宣告退休，只是宮崎駿與身體衰老的妥協方式，畢竟他已經七十二歲。但退休絕對不是他與摯愛的動畫的訣別，只要他還在，只要吉卜力還在，他要透過動畫傳遞的愛和激勵，將會一直以其他方式延續。因爲，宮崎駿一直就是個倔強的矛盾體。同爲動畫導演的押井守說，宮崎駿「內心永遠充滿了衝突，他一方面很希望做出他心中想做的東西，一方面卻得考慮他到底能要求其他人做多大的犧牲……他是必須肩負那個重擔的人，我想這也是他爲什麼一再掙扎又掙扎，到現在還不斷奮鬥著的原因之一」。

這種「矛盾綜合體」的個性，也貫穿了宮崎駿的創作生涯。他是娛樂文化的生產者，但他卻又對大量消費文化的蓬勃持否定態度；他製作給孩子們看的動畫，卻又認定孩子們最好不要多看動畫，在大自然中才能身心健康；他精益求精地打磨每一部影片，又堅信龐大的消費文化產業最多三十年就會崩潰。

他說自己是一個「悲觀主義者」，但製作片子時，「絕對不傳遞這種情緒」，只是「把它停泊在自己的港灣裡」。「我覺得成人不能把自己的世界觀強加給孩子們，孩子們完全有能力形成自己的觀點。」他是一個情緒化的創作者，又是一個對工作室營運瑣事無所不至的管理者，被高畑勳戲謔說，「從廁所問題到節省電費幾乎是無所不管」。

對於這個世界的諸多想法，一直在宮崎駿心裡衝突拉鋸。他說：「當我站到眾人面前說話，或寫文章的時候，我會儘量去蕪存菁，儘量積極正向，儘量不將破滅的部分表現出來……我是個在諸如凶殘的部分或是憤怒、憎惡之類的情緒部分，都比別人強上一倍的人。明明是個偶爾會陷入失控的危險境地的人，卻在日常生活中儘量壓抑住這部分，因而甚至被認爲是個好人，這和我的眞面目是不一樣的。儘管如此，我並不瞭解自己是個怎樣的人，但可以確定，我的內心似乎住著一個我所不知道的宮崎駿。」

高畑勳回憶說，有位經驗老到的工作人員偷偷向新進工作人員傳授與宮崎先生的相處之道：「你最好不要全盤相信他今天所說的話，因爲，他明天說不定又會提出一個完全不同的說法。」但是，宮崎駿始終不變的，是對動畫的執著。

他就是那個在檯燈下埋頭苦畫，從年輕到鬚髮皆白依然樂在其中的古典手工匠人，他的自信來自從未停下的畫筆。「到目前爲止，我的每部電影都是在竭盡所能的努力，想盡辦法追溯到底的情況下所產生，總是懷抱著『一定要想辦法再超越』的心情，而最重要的依據則是，曉得自己『的確已經挑戰極限』，而若是完成的作品被說不行，也只能回答：『是嗎？不行嗎？』」

第九章

長艸敏明：京都刺繡大師

■傳統是不斷地衰落，不斷地吸收異質。

「歷史並不是全然擺在面前，越做越發現，我們並不瞭解傳統，所以我必須不斷學習。」

與其被美麗的辭藻迷惑，不如在泥土裡保持愚直。

京都北部平野神社附近，「貴了庵」不大的庭院，顯現夏末最盛的深綠色。約了兩年的採訪，終於在一個上午打開了日本刺繡的隱祕之門。出生於西陣地區的長艸敏明和純惠夫婦，三十年前將西陣的老鋪分離出來，搬到了更安靜的北部，只在西陣留下了織造作坊。長艸敏明並不像一個傳統的日本手藝人。他的太太同樣出身西陣，是繡屋的女兒。一坐一跪舉止有度，親切非常。而他本人卻有些洋派的灑脫，英文流利，半長的花白頭髮攏向耳後，穿著樸素的條紋短袖襯衫。他將自己繡的「齊天大聖到此一遊」掛在屋內，那猴子背著手，寫「遊」的最後一筆還在用勁，透著頑皮，死性不改，樂在其中。

雖然西陣織久負盛名，嚴格說來，「西陣」這個地名卻並不具有行政含義。京都自從平安王朝開始，積聚了大量傳統的工匠群體。「西陣」是西陣織工業組合的注冊商標，它的生產地域很廣，但沒有規定具體的界限。名爲西陣的行政區域雖然不存在，但從事西陣織的業者，一般位於京都市的西北部或上京區和北區的中心，大致在南至丸太通，北至上賀茂，東至烏丸通，西至西大路通這個區域。在豐臣秀吉手中得到高度發展的西陣織以「浮織」技術爲最，至今仍是長艸繼承和擅長的技法。看起來非常立體的圖案，並不是單獨的刺繡，而是和布料一起織成的。

不同於中國人對大山川的讚美，日本人喜歡站在近的地方看風景。「京都人的心總是在關注四季的變化，優美的自然就在四周。」孕育日本美的意識，長艸大多數的作品，都是以山野之景、草木之態作爲主題。

純惠爲我打開了一幅珍品，這幅名爲「鞍馬」的黑底能裝束，以京都北部著名的水源地鞍馬山的水爲主題，濃墨一樣的夜色，銀色線織的那一小片一小片不規則的水面，明暗有如眞正的水波紋一樣，而水裡、空中繡滿了紅、黃、藍、白、綠的楓葉。「日本人最喜歡安詳平穩的顏色。一般喜歡比較柔和的顏色，和中國顏色意識不太一樣。」

呈現出獨特的色彩感，試圖在平面上創建無盡的深度。「正如從風鈴來欣賞風，從嫻靜的茶席上欣賞茶爐翻滾的聲音，日本人需要在藝術品中欣賞自然。」這些特質，使工藝與自然的結合變成了一種直接的體驗。

「京都的服裝和食物一樣，都必須對自然保持高度的敏銳。」直到今天，他依然把二十四節氣當作自己行爲的準則。「櫻花盛開、落下、落葉，這些規律都會在和服作品中呈現出來。」

一九九三年，長艸敏明爲天皇夫婦製作了罕有的隆重的和洋結合的禮服，以迎接英國女王夫婦的正式訪問。特別是爲美智子皇后製作了潔白的京錦緞禮服，其上繡出皇室的刺繡紋樣。「西陣織並不是不能變的，理解其中的魅力，創新也好，改良也好，就可以進行更自由的創作了。」一九九四年，長艸敏明再次爲美智子皇后刺繡了正式訪問禮服。

在「京繡」的嚴格等級中，在傳統和現代之間，長艸不僅不落窠臼，反倒顯得輕鬆和愉快。「日本也有過經濟發展過快，背離自然的時代。」西陣出身的孩子，身上幾乎都背負著日本刺繡世家的名字。西陣織至今仍是日本刺繡最高水準的集中代表。整個西陣地區都被打造成了刺繡爲主的文化街區。在小小幾平方公里內，既有日本國立的刺繡博物館，也有名家爭豔的各種私人美術館，常見旅遊大巴士停泊在這個區域裡，高級的和服腰帶、美不勝收的繡房作品，以一種流動的形式，仍在日本人的生活中占有重要的席位。

八十年代就開始與愛馬仕合作柏金包，與聖羅蘭聯席召開服裝發表會，長艸曾引起日本國內外很長時間的震動。發表合作藝術品的長艸敏明身上，本就有傳統與現代的雙重特質。西陣織並不是因循守舊一成不變的產物，至今在西陣織會館裡，仍有被列爲文化遺產的重要史料，是明治五年前往法國留學和購買織機的《出國命令書》。江戶時代「禁奢令」使西陣織一度陷入了困境，當時日本各地的紡織業也開始有了自己的發展。西陣織向西方先進的生產技術借取經驗，最早引入西洋機器，改善技法。此後西陣織走出了皇室貴冑的專屬領域，革新了樣式、花色，向高級的大眾市場靠攏。

「傳統是不斷地衰落，不斷地吸收異質。」日本工藝的特點正在於其易變性，以及繼承本民族的根基之牢，這是日本文化的兩個特徵。作爲日本織造業的最高水準代表，今天我們在西陣看到的格調高雅，技法高超的紡織品，其實已經是現代理念的產物了。京都的織造歷史，開始於桓武天皇建造平安京之前的五世紀左右。平安遷都之後，設置「織部司」，專門管理宮廷織物與獎勵匠人。當時的匠人居住於今天的上京區黑門長者町附近，織造綾、錦等高級絲織品，並且一直發展至今。平安時代後，官營絲織工房逐漸式微，匠人開始聚居至織部司東邊的大舍人町附近，脫離宮廷管理後開始自由織造。當時的製品有「大舍人綾」、「大宮絹」等。除此之外，匠人透過研究中國宋朝傳入的綾織造技術，開發出了獨特的唐綾，常用作裝飾神社與寺院。

在此過程中，日本傳統手工織造技術得到了最大程度的保留和發展。與紡織相關的連帶產業得到了市場化的極致細分，圖樣設計、外觀設計、撚紗業者、紗染業者、整經業者、綜絲業者、整理加工業者等從業者皆爲獨立經營。這些從業者與西陣地區的紡織工坊渾然一體，分擔著西陣產地中的各項工作。

迄今西陣織雖然享有盛譽，但實際上眞正擁有傳統手藝的匠人不過四百人左右。但是日本的染織刺繡品一直到今天依然有著巨大的市場。從父親長艸芳之助手中接過了祖傳的家業，長艸從立命館大學經濟系畢業時，正是日本經濟騰飛的七十年代。

「日本經濟剛剛起步，和服等昂貴的傳統物開始有了新的客戶群體。」維持長艸家世代刺繡手藝的，有以皇室、華族、能劇演員爲主的極少數群體，也開始有現代品牌進行合作。他爲「精工」手錶製作的十枚珠寶錶，柔和，雍容華貴。京繡使這些現代用品，以奇異的色彩變化，展現出了京都人特有的情感。

「歷史並不是全然擺在面前，越做越發現，我們並不瞭解傳統，所以我必須不斷學習。」作爲繼承人，長艸敏明絕不是被當作一個繡工來培養的。他對於日本美術、紡織、服飾與禮儀的理解，是從「藝能」開始的基本功。

「父親要求我從能樂表演開始學起，一直到日本畫。」七歲左右，長艸敏明已經開始進入京都傳統「藝能」的體系接受訓練。「奈良有更好的書法和繪畫老師。兒時的我就往返於京都和奈良之間。」日本和服的題材創作，自古以來就有悠久的歷史累積，尤其是日本繪畫中對於人物衣裝的細緻描繪，使服裝本身作爲美術的一支，被保留在了日常生活當中。從《源氏物語》主題的皇室屏風上的人物著裝，到日本畫家對美人服飾的細緻描摹，服裝本身，從色彩、面料、圖案、款式到配飾，包括穿著方法，都是日本人舉手投足之間的姿態定義，有著很詳盡的法度。

能劇講究盡可能控制外部表現，將所有的表演內化，因此能劇的裝束就是表演的重要組成部分。我感覺到裡面歡騰的情緒，「我繡的時候是很開心的，演員穿上就會很開心，觀眾看到也會很開心。」

日本人從安土、桃山世代開始，講究在不同場所穿著不同的服飾。比如婚宴、茶會時的「訪問裝」，慶典、宴會、相親時的「留袖裝」，雖然這些服飾都很美麗，但與「豪華」仍有距離。此時的能樂開始成形，有別於功能性的服裝，「能裝束」以綺麗、華美、奢侈出現在有別於普通和服以外的領域中。現在我們看到的和服，基本上是江戶時代的格式。

「『能』的世界是很壓抑的。對於日本來說，很重要的一個空間是介於活和非活之間的幽玄，這是一個停留在想像裡的世界。從室町時代開始，幽玄的感受，就是『能』這個世界裡表達出來的，和日常是無關的。」

「能劇演員的動作是很簡單，但又蘊含了豐富內容的。因為不能露臉，表情被表演取消了，只剩下身體的動作。所以裝束非常重要。」我看到了一幅黑色的能劇服裝，長艸學習到的「能裝束」的精髓，在於「不言不語」。「很多時候，演員的動作只剩下了一個背，但他的情緒，可能是喜怒哀樂。我對動作的理解，決定了我用什麼樣的刺繡來輔助他的動作。」

我在能樂館欣賞了一場表演。能劇被稱爲日本文化裡最典型的代表。一旦戴上面具，人就有一個非常明確的角色設定。作爲人和神之間交流的媒介，演員的自我被完全取消。裝束在能樂中，占據了演員設定的大部分。「不言不語」被日本現代工匠的傳承放到了首要位置，學習過程裡，直覺戰勝了邏輯。弟子會從纖細的情感中發揮敏銳的歸納力和直覺力，師傅教導的是技術的周邊，技術變成了藝能。

「能裝束」不同於普通和服，是在皇室、將軍等高等級身分的服裝以外，唯一在日本歷史上可以使用「唐織」的衣物。今天的日本博物館裡，看到的大部分能裝束唐織文物，以高超織法，在織布同時加入金銀絲和色線，布料和上面圖案，一次織好，是以「藝術品」名目保留下來的華美高貴的作品，被「能」的藝術浸潤，作爲世界上最高貴的舞臺裝束。即使是今天，理解「能」的人在日本還是稀有的。「能是幽玄的代表，就是非常努力地給自己營造出幽玄的氛圍。」在有限的空間裡表現無限的故事，能裝束本身沒有多餘的線條，卻有自己的故事表達，是主人公性格的象徵。

「你的衣服在輔助我」是能劇演員對長艸的期待。他告訴我，這是演員和刺繡大師之間的「以心傳心」，也是日本「藝能」的一個關鍵概念。「能裝束」固定的樣式，可以看出角色的身分、年紀、婚否、階級、個性等許多特點。做能裝束的長艸，對服裝有特殊的理解，服裝雖然不能講話，卻懂得表達人表達不出來的東西。

在七月結束的盛大的祇園祭上，前祭二十三基、後祭十基的巨大山鉾換了新的引幕，其上絢爛華麗的古典裝飾，被日本人稱爲「流動的美術館」，是國寶之一。集合了京都最傳統的工藝美術「織、染、繡」之大成的引幕，就是長艸用了八年的心血「複製」之作。此外祇園所用的二〇一三年的「占出山」水引幕，二〇一五年的「北觀音山」水引幕，都是他的作品。

「複製比重新做新的難太多，預算也非常高昂。」長艸告訴我，從幽玄，到神輿，他的刺繡作品更願意體察情感本身。「我創作表達的，更接近理想的情感。」這幅爲神而作的作品，寄予身爲京繡世家對祇園祭的理解，並不是簡單的工藝品。「我幸而本來是個村童，有過在祭日等待神輿過來的舊時情感體驗。不知怎的，今年神輿特別的狂野呀！儀仗早就到了路口，左傾右側，抬著神輿的壯丁的光腿忽而Y，忽而X，忽而W，盡力把雙手舉起得高高的。」周作人對於祭禮曾有過疑問和洞察。他發現，日本的鬼神信仰有許多情緒化的行爲，當祇園祭上的焦點出現，山鉾整體都有蓬勃的生機。而抬轎子的人，姿態完全自由，一點也不整齊，每個人都可以我行我素，最誇張的人猶如神靈附體，陷入恍惚心醉的狀態。

「之前的一幅已經用了兩百到三百年。」長艸對我說，如果缺乏經費，重做新的就顯得簡單許多。然而他花費八年時間完成一幅作品，對於匠人來說並不是苦工：「我想的是這一幅又將被使用一百到兩百年的時間。」神輿的出遊，被壯丁所抬，至今仍是京都最熱鬧的盛典，現代人跟著花車，搖團扇叫嚷，熱鬧非凡。對神靈言行模仿、遊玩和旅行，是日本至今仍然興盛的古典祭禮所反映的文化現象。這樣的「珍視」和傳承，不僅是對長艸技術的見證，也是他「一絲不苟」的價值源。

「一百六十年前，日本人使用的紙、棉花、紗線、麻和絲綢，已經與今天完全不同了。」用八年時間修復了祇園山鉾，「繼承就是在學習」，他說，「在針穿過去的時候，紙張的厚度有很明顯的區別，多墊些紙，針就能順暢地走，但是把紙弄皺就完全不行，棉花也不一樣，撚線的手法也必須變化。」

日本工藝追求的是「原樣」。長長的祇園祭的主山鉾上，圍著的帳幔是關羽出遊圖。他每年繡十個人物，一共繡了八年。關羽是白色的臉膛，戴官帽，很富態地坐在車裡，完全不是中國形象。」

在修復這幅古代作品前，長艸曾在陰暗的室內對其進行長時間的觀摩。布料已經腐爛了，在幾百年裡，強光的灼燒和照射，使灰塵全部長在了上面。「又髒又臭，底料已經腐朽，但是刺繡線卻很強韌，我決定拆下來繼續用。」長艸像做手術一樣，先用剪刀把繡線周圍的布片剪掉，再一點點把線完整地刷出來。「古代的線和現代布料的重量相比，非常輕和軟。」對比自己做出來的數百種顏色，想像線本來的顏色。「日本古代用植物染色爲主，礦物染料是來自義大利和其他國家的。」因爲不知道古絲線採用了什麼染料，這直接決定了顏色的變化程度，他只好拿顯微鏡不斷地用不同染料的同色絲線做實驗。僅僅是一個人物的眼白的白色，他就做出了十九種色彩。

長艸新得到的任務，是複製日本最古老的一幅刺繡。日本刺繡起源於飛鳥時代，其技法隨中國的佛教一同傳入日本。從平安王朝開始，京都就集中了大批刺繡織錦的職業手藝人，因此日本染織、刺繡、衣裝服飾最發達，保存最完整。

我看了他的「寒山拾得」中刺繡的漢字書法，對於字體他絕對有極精準的把握。可是這個字爲什麼這樣寫，區別在哪裡，他著重要知道的，不是字是什麼意思，而是更重要的「原樣」。

「時代意識比起自我意識來，既不太大也不太小。」長艸很清楚時代的變化，除了他和妻子刺繡，他的工作人員和孩子們全部都是業務員。「他們給我接的工作好像一輩子也做不完。」他說著，對太太半撒嬌地抱怨起來。他將工作與興趣分成了對半，一半時間賺錢，一半時間享受刺繡本身。「我剛剛從事京繡的時候，一件和服以一百萬日元價格出售，就意味著中間商賺取了七十五萬日元。」匠人必須學習自己面對市場，這是長艸當時意識到的最重要的問題。「批發、代理使眞正的紡織匠人遭遇了生存困境。不斷的賒帳，延遲付款，導致很多有名望的老鋪發生了問題。」但是這並不意味著京繡本身出現了問題，「隨著年齡增長，我越來越覺得需要花時間瞭解傳統的來源。」

「看到一個人穿的和服，就知道了他想說什麼。」刺繡絕不是一個單一的問題。經年累月從「能裝束」和禮服上得到的是關於人的資訊。長艸指著自己登載在雜誌上的一件名作告訴我，接到訂單的第一件事是瞭解「主人」的樣子，和穿著的場景。「她瘦瘦的，膚色如何，眼睛深邃，穿這件和服的場景，是撐著一把傘，安靜地站在男朋友身邊。」

「我一直沒弄明白這是什麼意思。」爲了手上日本最古老刺繡的複製工作他請教了許多學者，這幅西元六世紀的刺繡作品，看起來像是一個村婦隨意在什麼廢棄布片上的創造。最近一次去敦煌，長艸終於找到了和這幅刺繡圖類似的字。他給我看的一部分正在做的工作，是複製日本最古老的一塊繡片，紫色的底部上繡著娃娃，錢幣字樣和一些粗糙的小物件。「我想去一趟敦煌，看看這個字在石碑上是怎麼寫的。」大約是照著六世紀隋朝的敦煌石碑繡的，他拿出三個「部」字給我看，字很拙樸，但猶如一位古人古跡本身在面前，真誠無半點虛張。佛像本身木木呆呆，字也透著筆圓，那種又想模仿又不敢逾矩的刺繡方式，倒像是哪個村婦的傑作。「與其被美麗的辭藻迷惑，不如在泥土裡保持愚直。」

後記

匠人之心

去年夏天，我坐了四個小時巴士，去探訪日本塗（漆藝）的代表地輪島。在熟悉了鐵路旅行模式後，輪島這個世外之地卻給我留下了很深的印象。輪島塗是日本手工藝的巔峰。漆在日本被稱爲神之血。我以爲上百名漆匠雲集的輪島，必然已經將旅遊、服務、商業發展成熟，沒想到，荒僻的漆藝島只負責生產環節。與正倉院的國寶琵琶上那精緻的塗和蒔繪，能夠代表日本漆工藝巔峰之作的輪島塗國寶「玉蟲廚子」給人的印象，相差甚遠。政府籌資修建的工坊冷清，旅遊紀念品攤粗製濫造。沒有旅館，沒有餐館。拖著行李走了四十分鐘到達的小旅店，是摩托車環島騎士驛站，晚上我睡在摩托車店樓上的小床位上，想喝水，要在無人的路上走很遠，才找到一個自動飲料販售機。

論實用價值，漆器顯然不能進入通行的西式生活模式。廉價、便捷和快節奏的生活裡，一個日本家庭購買漆碗，不僅日常使用要小心，壞了還得去專門的匠人處修補。在採訪過程中，我闖入了一位沉金師的烏漆墨黑的作坊。他衣衫破舊，裹著頭巾，手是永遠洗不乾淨的黑麻麻的漆黑，佝僂著腰，跪在自己的工作臺前，手在漆和水之間周旋。他轉過來的一瞬，眼睛裡好像沒有我們，不和我們交流，也沒有說話的欲望。他筆下的沉金小金魚，在漆酒盅裡浮游的眼神，頑皮動人。老師傅再看我，眼神比小金魚更加古靈精怪，不需一語，我知道他能繪出物的靈妙。

與此形成鮮明對比的是輪島塗的昂貴。米其林料亭愛標榜用輪島塗來盛放食物，而輪島塗館，堪比日本任何一家奢侈品名店。乍看起來差不多的漆作品擺在漆藝館裡華麗燈光照射下的商品展示櫃上。買門票進入後，我們先等著服務人員帶領，瞭解各個工藝的展示細節，再由她們戴著白手套將一個個漆藝品拿出，從一樓到二樓的一個個小物件以藝論價，當代漆器名家作品的價格從數萬到數十萬日元不等。

輪島和以便利、高效作爲無聲準則的現代日本大相徑庭。現代日本社會經歷了高速經濟發展和衰退，已經進入平和、回歸的狀態。這種在生活狀態上的「提前」，正是近幾年我們以茶道、花道、香道、建築設計、居住空間、電影主題等文化角度，切入日本的重要原因。這給了我們一個啓發，日本這樣的國度，看似近，實則遠。以生活方式作爲出發點，探討日本美學中，究竟是什麼在一直觸動我們。

到日本去，我們很容易領會和理解其文化眞正的優點和缺點。我採訪了日本第一宮大匠，修繕世界上最古老木建築法隆寺的小川三夫。他說從小學著師傅西岡常一的每一個動作，連師傅摸摸哪裡，他也要去摸摸，恨不能將身心化作師傅的一把刨刀。那野心勃勃、毫不膽怯的眼神，讓我感到一個七十歲的老人身上的純粹和質樸，那是一種相信自己本事的眞實力量。

我寫過龍泉瓷、富陽紙這些曾影響深遠，在國家層面達到巔峰的手藝，也有儺面具、羌繡等未經廣泛傳播的原始地方文化。採訪日本手藝作家塩野米松的時候，他非常困惑於中國的手藝人的處境。中國近十年來文化和旅遊業興起，表面上看把這些曾經失落的手工藝又推向了前端。

在我近幾年採訪撰寫的〈年貨〉、〈春宴〉等地方民俗美食的專題報導中，在陝北、川南、黔東北看到，擁有製作古老美食技藝的人，生活舉步維艱。他們的處境常讓我覺得，消費熱潮裡主打的情懷牌，並沒有眞正使他們受益。而受到普遍喜愛的各種匠人工坊、手作出產的手工藝品，早已脫離了中國曾經達到的水準。技藝雖然有高下，也有非物質文化遺產這樣從中央到地方的強有力的官方執行項目，但這些手藝人，無論物質還是精神上，都很難自洽，很難論證、解釋自己的處境並堅持下去。

我曾經覺得，時間是匠人的敵人。在採訪撰寫這些擁有神奇技法的老師傅時，我都免不了被他們的現實擊倒。我曾採訪過宜賓「敘府糟蛋」的老工匠，他有極爲高超的技藝，能將糟製過的生蛋剔殼。然而採訪撰寫過程中這個曾經被中央領導特批的小廠，卻陷入了破產和併購官司，他拿來給我的是極長的上訪信，連廠裡的最後一個糟缸都沒法讓我們拍攝。除了情懷，現有的價值體系裡，一個匠人似乎即使有再高超的技藝，也得借由這工藝的使用者來決定。而實際應用的市場卻早已萎縮殆盡。在塩野米松看來，雖然日本也有一個「塑膠」時期，但是隨著經濟騰飛和衰落，日本人開始盡力回歸到傳統生活的模式中。

如果僅僅以生存狀態看，日本匠人的收入、居住環境，比中國匠人並沒有更優越。然而那些匠人的狀態、面容和眼神，卻融合了「天使與魔鬼」混合的特質。他們對待自己的技藝嚴格到極致，小川說，他曾爲了寺廟的角度問題，險些「切腹謝罪」。另一方面他們又天眞無邪，有意保留自己的笨拙。

作爲宮大匠，小川三夫只能接廟宇神社的修繕工作，這使他的工期漫長，而活計有限。他的師傅在貧病交加中，都堅持沒有修民宅，以「守衛聖德太子」的心，來保護「宮大匠」的榮譽。小川三夫自己也說，做不到師傅那樣的純粹。小川的得意也來自於自己的同學們六十歲就只能退休，而自己卻可以繼續在木工房裡揮汗如雨。日本的木製古建築，尤其是神宮，每二十年要落架大修。一個歷經數百上千年的建築，要拆解，然後修繕組裝，其難度遠遠大於重建新的。這樣沒有效率、毫不經濟的工作，爲日本保留下來了大量傳統工匠。

我原本對於新和舊有很明確的界限，以爲現在新造一個寺廟，其成就感可能比不上爲法隆寺維修。沒想到小川說：「我想像我修的寺院，三百年後，那屋簷往下微微沉降，像一隻振翅欲飛的大鳥，就可以與千年的法隆寺一同飛翔。」

期待三百年後的飛翔，是我在匠人的眼睛裡找到的期待。在家庭式的作坊裡，我碰到了名校建築系畢業來拜師的碩士，因爲喜歡法隆寺而立志來鋸木頭的初中生，還有各種沉默或開朗的普通人。在酷暑的天氣裡探訪他們工作的寺廟，他們需要以一個人體極限的姿勢，長時間蜷縮在建築物的縫隙裡進行作業。雖然我被小川三夫將木頭刨出鏡面的反光的絕世技法震驚，但是這些默默無聞匍匐、蜷縮在不知名的鄉野的匠人，頭綁汗巾，吃著師弟們做的難吃的食物，不能用手機，不能看電視，拿著微薄的薪水，一做就是十年。

把自己製造的新的東西，和古老的東西相提並論，這是工匠們自然的底氣。國寶級刺繡大師長艸敏明，曾爲美智子皇后繡製禮服，商業上早已與愛馬仕合作。我本來以爲日本的祭典，比如京都的祇園祭，只是一種充斥形式感的表演，然而長艸卻告訴我，他最近完成的得意之作，是用整整八年的時間，爲祇園祭更換了主車的刺繡引幕，我問上一幅呢，「祇園祭已經用了三百年，可以換了」。

他的作坊就在京都自家素雅的住宅裡，爲我們開門、布茶是日本常見的傳統禮儀。但房間裡都是長久伏著繡案的學生，唯一的一點裝飾，就是繡了一隻孫悟空，那眼神不羈又目空一切。當長艸拿出一塊需要他仿製的日本最古老的繡品，和我說他在敦煌找到了上面一個字的原貌，我看他的眼神有如那齊天大聖附體般狂傲得意。

主動地窮畢生精力，將所創造的東西的生命進行無限延長。接續前人的技術和成果，打磨自己的能力。在這樣一個無創新不成立的時代裡，匠人們看起來卻如此令人安心。日本不像我們這樣絕對的區分新與舊，眞與假。正倉院的國寶琵琶一直有「唐物」和「和物」的來源爭議，但另一個側面佐證是，正倉院裡同時期的大量日本仿製唐代的精美琵琶，工藝技巧已經可以與唐朝時的精美絕倫抗衡。輪島塗的盛行不過是明治維新以後的事，到現在也不過是一百多年。現代社會裡，匠人們的自豪是借助什麼存在的？

注重形式感的日本，以各種儀式、祭典，以精神的方式將匠人們的物質文化保存了下來。後來我選擇了更廣闊的行走，深入山與海的文化，想弄清楚一個截取了中國文化片段的異國，何以有了如此清晰而堅定的文化面貌。我去了一個舉行文字祭的京都周邊的小城池田，和日本大多數小地方一樣，這裡早已遍布現代化的街道、軌道交通和車站商店，還是世界上最早的速食麵的誕生地，有一個速食麵博物館。然而就是山上這個名不見經傳的小神社，每年一度的火祭卻是當地人自己的信仰，像我一樣慕名而來的遊客只是少數。本地壯漢們在酷暑中汗流浹背，認眞地背著四、五公尺長的燃燒的火把，每走幾公尺就要放下休息，還要小心被掉落的火燙傷，一隊隊小學生手持滅火工具和小樂器，沿著並不平坦的山路，一路熱熱鬧鬧地走下來。日本這種商業屬性很弱的地方祭典非常多，而本地人樂此不疲地參與其中，拿小籃子撿拾掉落的灰渣，都顧不上擺攤賣飲料。

爲了弄清楚這種「心」的源頭，我造訪了空海大師從大唐取回密教經典之後營建的日本佛教聖地高野山。一條偉大的路，應該連通一個人的外部故鄉和內心故鄉。我走在世界遺產「參道」上，身邊都是日本歷史上赫赫有名的英雄人物，想起的卻是我的家鄉西安。空海在高野山的僧房裡，多幅屏風上繪製了長安圖景，曲江流飲，灞橋送別。當時的空海前往長安取得大乘密法，成就了電影《妖貓傳》裡那個奇彩絢爛的故事。而看到這些熟悉的中國符號，我不由會心一笑。

無論曾經在美學上達到過何種高度，我們都沒有忘記製造這些器物的人，他們在眞實的生活中尋找到了心靈去處，並且努力把自己的生命附加到一個看起來平凡的事物裡去。

在我進入三聯生活週刊的十幾年裡，去過很多地方，也有非常多採訪寫作人物的機會。在文化傳承、美學探訪、尋覓美食的過程中，總能遇到一些觸動我內心的採訪物件。我們經常戲談說三聯就是一個作坊，每個人都是碼字工。但實際上隨著資訊時代的來臨，我們時常被動地審視自己所擁有的手藝和變化的讀者市場。

我常常覺得，如果我的文字能在很多年以後，看起來仍對當時的眞實情況有客觀的記載，我就可以厚著臉皮說，我的文字也許能成爲歷史的參照物。後來我採訪李健，他說聽自己很多年前的歌，覺得不臉紅，就夠了。

感謝這些映照出我內心價值的匠人。

——葛維櫻

生活文化

守・破・離：日本工藝美學大師的終極修練

作　者—葛維櫻、王丹陽、王鴻諒
主　編—李筱婷
企　劃—王聖惠
封面設計—陳恩安

董事長—趙政岷
出版者—時報文化出版企業股份有限公司
一〇八〇一九台北市和平西路三段二四〇號七樓
發行專線—（〇二）二三〇六—六八四二
讀者服務專線—〇八〇〇—二三一—七〇五
（〇二）二三〇四—七一〇三
讀者服務傳真—（〇二）二三〇四—六八五八
郵撥—一九三四四七二四時報文化出版公司
信箱—10899臺北華江橋郵局第99信箱
時報悅讀網—http://www.readingtimes.com.tw
時報出版愛讀者—http://www.facebook.com/readingtimes.fans
法律顧問—理律法律事務所　陳長文律師、李念祖律師
印　刷—勁達印刷有限公司
初版一刷—二〇二〇年九月十一日
定　價—新台幣三二〇元
（缺頁或破損的書，請寄回更換）

時報文化出版公司成立於一九七五年，
並於一九九九年股票上櫃公開發行，於二〇〇八年脫離中時集團非屬旺中，
以「尊重智慧與創意的文化事業」為信念。

守 . 破 . 離 : 日本工藝美學大師的終極修練 / 葛維櫻 , 王丹陽 , 王鴻諒作 . -- 初版 . -- 臺北市 : 時報文化 , 2020.09
面 ;　公分 . -- (生活文化)

ISBN 978-957-13-8362-0(平裝)

1. 傳記　2. 訪談　3. 日本

783.11　　109013174

ISBN 978-957-13-8362-0
Printed in Taiwan